像我一样考上清华

李红岩　主编

哈爾濱工業大學出版社

内 容 简 介

本书集结了清华大学在读学生所写的37篇文章，这37位清华大学在读学生分享了个人考取清华大学的宝贵经验。全书由励志篇、方法篇、备考篇三部分组成。励志篇主要内容：中学时代如何制定目标、如何为目标而努力、如何战胜挫折等。方法篇主要内容：单科学习心得、如何提高学习效率、如何管理时间、考前如何复习等。备考篇主要内容：高三备考阶段比较有效的学习方法、高考前如何调整心态等。37位清华大学在读学生的真实案例，独家真诚分享，传递榜样力量！

图书在版编目（CIP）数据

像我一样考上清华 / 李红岩主编. —哈尔滨：哈尔滨工业大学出版社，2023.3
ISBN 978-7-5767-0711-3

Ⅰ. ①像…　Ⅱ. ①李…　Ⅲ. ①高中生—学习方法
Ⅳ. ①G632.46

中国国家版本馆CIP数据核字（2023）第048768号

策划编辑　闻　竹
责任编辑　那兰兰
装帧设计　灵　格
出版发行　哈尔滨工业大学出版社
社　　址　哈尔滨市南岗区复华四道街10号　　邮编 150006
传　　真　0451-86414749
网　　址　http://hitpress.hit.edu.cn
印　　刷　廊坊市洪烽印刷有限公司
开　　本　787mm×1092mm　1/16　印张 11.5　字数 171千字
版　　次　2023年3月第1版　2023年3月第1次印刷
书　　号　ISBN 978-7-5767-0711-3
定　　价　68.00元

编委会名单

有志、有方、有心和时代使命

——《像我一样考上清华》序

郭振有

朋友送来一份书稿，书名是《像我一样考上清华》。我品读着这些学子走入清华的故事，看到如此优秀的一代年轻人如何学习成长，不禁感慨万分，深受鼓舞。

中学生到底应该怎么学习、进步和成长，这本书讲述的，就是一个个如在身边的鲜活例子。

清华、北大等名校，是我国，也是世界著名的大学。走进清华、北大，以及其他著名的大学，是当今时代中学生们共同的愿望。这本书里小作者们书写的一个个真实而生动的故事，都与一个学校的名字有关——清华大学。这里有他们自己总结的学习经验，有他们坎坷起伏的心路历程，以及他们曾有过的一些细微的情绪波动，更有一些很实用的各学科学习的方法，等等。

全书分为三个篇章：励志篇、方法篇、备考篇，我们可以将其简洁地解读为有志，有方，有心。

有　　志

中国人非常强调立志。诸葛亮说：“非学无以广才，非志无以成学。”王阳明说：“夫学莫先于立志，志之不立，犹不种其根而徒事培拥灌溉，劳苦无成矣。”嵇康甚至认为：“人无志，非人也。”不仅要立志，且立志后还要“口与心誓，守死无二，耻躬不逮，期于必济”。坚定的志向可以激发内在的潜力，形成不断求索与向上的动力源。“志不强者智不达”。有志向的人，大多有韧性，能坚持，百折不挠。他们不是不会跌倒，而是比普通人更懂得如何爬起。每一个学子，都要首先立志，立大志，并且一往无前地去为实现自己的志向而拼搏。新时代的青年学子要坚定理想信念，树立高远志向，立志为中国特色社会主义伟大事业奋斗终身，为国家的发展做出贡献，用自己学到的知识成就一番大事业。

有　　方

方法，包括方向、路径、策略、次序，以及知识拓展和相互联系，把握重点和攻克难点，等等。方法对了事半功倍，否则，可能南辕北辙。本书中的每一个小作者都有各自的“看家本领”。他们把自己的方法毫无保留地展现出来。这其中有一些通用的学习方法，也有一些出奇制胜的做法，还有具体到某个科目的攻取经验。这是他们通过自己思考、实践总结出来的，是一套适合他们自己的方法，但也可以给其他同学带来有益的启示。或许你拿来与自己的方法一对比，会豁然开朗，找到更适合自己的一套学习方法，从而你的学习成绩会突飞猛进。

有　　心

有心，即有好的心态。高考是对十多年学习成绩的检验，是青年成长过程中很重要的一次考试，也是人一生的一个重要节点。在“备考篇”中，这些清华学子告诉大家，有的人把高考看作“硝烟弥漫的战场”，感到恐惧和茫然，不过是自己吓唬自己的一种想象。在备考过程中，这些学子也承载过巨大的压力，有过消极和失落、焦虑和不安、彷徨和挣扎。当然，更多的是坚定和从容。今天，他们把曾经的切身感受剖析给大家，就是希望给予大家一些信心，让大家了解，考入清华大学的人，也曾不知所措。我们自己，应该像他们那样，勇敢地、充满自信地去准备和迎接高考。

本书中的37个真实案例，对所有青年学生都有启发。人在自我迷失时，需要榜样的力量；在苦学无门时，需要方法的指点；在动力不足时，需要得到激励；在迷茫困惑时，需要有人引导……相信这本书可以让读者产生共鸣，给人以某些方面的指引。每个中学生，不管你是否准备报考清华大学，读读这本书，都是有益的。

走进清华大学或其他大学，都是学生自己、家庭和学校的骄傲，是一个人一生中特别重要的一步，但这不是终点，而只是一个新的起点。我们国家正在开辟多条人生成长的赛道，无论你进入哪一条赛道，只要坚持不懈地奋斗、努力，都有成才、成功的可能。

当代青年学子要厚植爱国主义情怀，热爱和拥护中国共产党，听党话，跟党走，扎根人民，奉献国家。一位20世纪60年代从清华毕业的同志告诉我，他永远记得在清华大学读书时就铭刻在心里的几句话：自强不息，厚德载物；行胜于言；为祖国健康工作50年；追求卓越，爱国奉献。几十年来，他一直是这样要求自己的。这是清华精神，也是中华民族精神的生动诠释。相信清华学子，相信所有的中国青年，都能牢记这种精神，勇敢无畏地肩负起党和国家赋予的责任和使命，在实现中华民族伟大复兴的时代洪流中踔厉奋发，勇毅前进，做出我们应有的贡献。

遵本书编者嘱，写了上面几段话，权作一篇小序吧。

教育部国家副总督学

教育部关心下一代工作委员会原

常务副主任

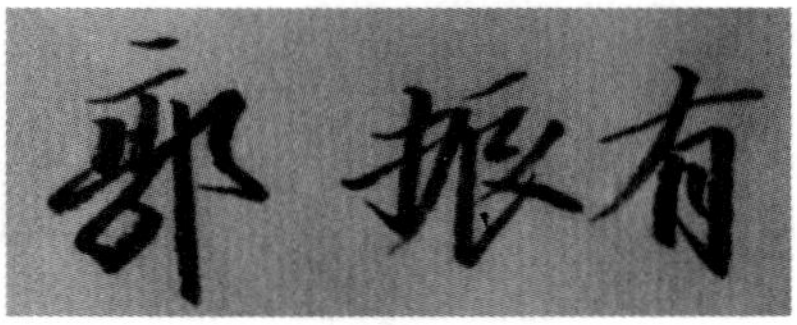

目 录

第一篇 励 志 篇

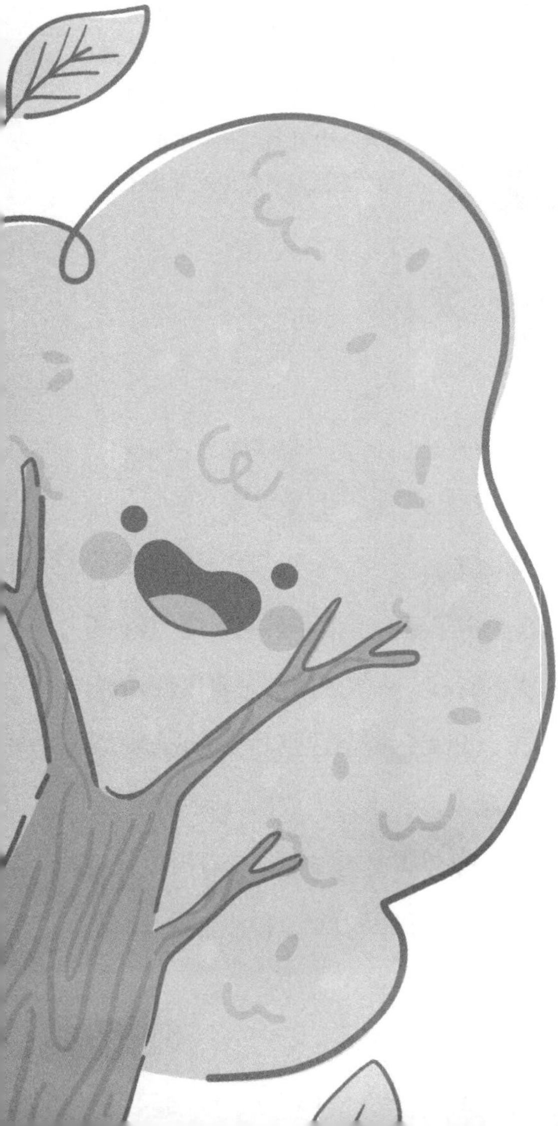

是什么支撑我考上清华

王延明

作者简介：

王延明，高考总分680分，其中语文120分、数学145分、英语132分、理综283分，理科黑龙江省排名第40，录取清华大学电机系，在学期间修读了经济管理学院工商管理第二学位。

尽管高考距离我已经有四年之久，但那一段人生的分水岭却是我一辈子难以忘记的。我出生于黑龙江省哈尔滨市，中考考上了哈尔滨市第三中学校，我就是在这里一步一步地实现了自己的梦想，并最终考入了清华大学（以下简称清华）。

也许有人说，你能考上清华，是不是从小就给自己制定了要考上清华的目标呀?其实不是这样的。我在高中阶段几乎没有给自己制定过特别大的目标，我制定的都是阶段性目标，因为特别大的目标会给自己带来无形的压力。试想一下，如果每天都在想，我一定要考清华、北大，在每一次考试中不给自己容错，那只会越来越累，甚至迷失方向。我每一次制定的阶段性目标就是比上一个目标有所提升，这个提升，不仅仅是考试成绩的提升，还有心态的调整。比如：在下一次考试，我的心态一定要改变，不能因为前一科的失误导致后面患得患失。这都算目标。尽管有时也没有如期达到，但是在努力的过程中我收获了许多，在每一次的反思中也不断地成长。

其实比起目标，我觉得动力更重要。一个支撑你走下去的动力到底是什么。更多时候，动力与信念才是支撑着你不断变优秀的根源所在。

我高中时期的语文、数学成绩都还是不错的。其实我的文笔不算太好，作文也从来没有得到过很高的分数，但在高中阶段，我的很多次语文考试都拿到了 120 分甚至 130 分以上的成绩，究其原因，是我拿下了除作文之外的其他部分尽可能高的分数，作文也从未跑题过，保住了作文的下限。在语文考试中，选择题一直占比较大的比重，很多同学得分低是因为选择题错得多。对于选择题我们要多练，理解出题人对选项的设错点，选项中不会的知识点要及时记下来。高考时文言文只有“句子翻译”扣了一分，我认为：我们平时在做文言文阅读时，绝不能仅仅以做题为目标，因为对一篇文章来说，考试出的题目仅仅是文章中部分实词、文学常识及部分句子翻译。我们每做一篇文言文阅读，在做完题之后，一定要继续研读文章，尝试自己翻译文章，并与“答案解析”中的全文翻译对比，重点分析自己翻译错的实词与句式，这样才能最大限度地利用一篇文章。阅读与诗歌鉴赏，我的建议是，在做每一道题的时候，都要通过答案分析出题者的用意和他们组织答案语言的技巧，逐渐形成自己答题的语言体系。议论文写作，我们能把握的就是“不跑题”。立意准确的文章基本不会拿低分，所以我们可以拿一些模拟卷的作文来训练立意的准确度。至于作文，也许有同学会问：我多久写一篇作文合适呢?我们每学期的期中、期末考试，都会在考场上完成一篇作文，除此之外，我个人认为每个学期再写两篇就足够了。重要的不在于量，而在于你如何对待每学期的这四篇作文。这四篇作文，不能仅是完成，而是要找语文老师批阅并获得修改意见，在老师的指导下进行修改，然后再给老师看，直到能够达到老师的认可。

数学是一个需要大量做题的学科。课上认真听讲，理解每一个公式，这是最基本的要求，在此基础上，必须大量做题才能取得好成绩。大量做题的意义，首先为了见到更多题型，另外，对一些简单题，大量训练能够形成肌肉记忆，减少失误的可能。当然，做题不仅仅是做题，更重要的在于：要会看答案解析，体会出题老师的思路。有些时候，你虽然答对了这道题，但只是猜对了，如果不看答案解析，你永远只记得自己的思路，就谈不上什么提高了。在高三模拟考试中，我数学考过两次 150 分，高考虽有失误，也取得了 145 分的成绩。这绝对和天赋无关，而是我在高三那一年做了 100 多套数学模拟卷。做模拟卷的时候，我要先保证正确率，再进行抗压训练：规定自己要在 90 分钟内完成，而不是 120 分钟。这样的训练，让我最终获得了好成绩。

高中的时候，我也有过偏科的经历。比如我的物理与英语，曾经都考过很低的分数。当深刻反省之后，我发现了两个致命的原因：一是我害怕考自己的弱科，每次考我的弱科都很不自信；二是因为害怕，导致我对自己的弱科越来越没兴趣，几乎不愿意主动去做“弱科”的课外题。其实，我们没有什么是学不会的，阻碍我们提高的主要还是心理因素。只要我们像重视自己的优势科目一样去重视弱科，我们的弱科早晚有一天也会成为我们的强项。

我们一定要记住：根据个人的情况合理利用时间。高考不是要我们打满分，而是要我们在有限的时间内拿到最多的分。我们也不要“非清华、北大不上”，很多高校的很多专业都有很好的发展前景。所以不要给自己过大的压力，心里默念的目标不是清华、北大，而是尽我所能。在考场上，考第一科时不要紧张，考最后一科时也不要慌张，不要因为前面答题情况而影响后面发挥。

最后，我还想说：人生不只有高考，人生无处不高考。高考的这一年也是大多数人成年的一年，从这一刻开始，你要独立面对很多考试、很多抉择。希望大家在高考中保持平常心，在之后经历每一次人生考验时，都“险不惊于心，成不喜于色”。

关于“选择”我想说的事

王宇倩

作者简介：

王宇倩，高考总分 686 分，其中语文 129 分、数学 150 分、英语 142 分、理综 265 分，录取清华大学电子工程系。

我一直记得初中课本上的一首诗——《未选择的路》。在我整个高中阶段，甚至直到现在，每当我身处不得不选择的境地，每当遇到另外一条路的诱惑，每当想逃离眼下这条路的坎坷时，我总会回想起这首诗，想想作者是怎样选择的，再看看我身处的境地，我要怎么选择。

你是否有难以做出选择的时候?关于“我的人生要走哪条路”“我能不能随心所欲”“我何去何从”……你是否迷茫过?

我想讲一些我自己的经历，告诉大家我的选择，希望大家在面临选择的时候可以参考。

如你所知，我为自己的人生选择了“读书”这条路。然而，我向别人这么说的时候，往往很多人都会感到奇怪：这为什么被称为“选择”？这不应该是大部分孩子都要走的道路吗？

也许是我和他们对“选择”的定义不同，也许是因为我和他们对人生道路的看法不同。我认为，既然称为“选择”，那么，每一个选项都应该是平等的。不同的人生道路，也有各自对应的价值。我们不能因为大势之下，学习、读书是大多数人选择的道路，就认为这条道路理所应当是正确的，也不能因为艺术、竞技等其他的人生道路走的人少，就对这些选择产生质疑或者偏见。

那么我为什么选择了这条路?我不是因为大环境而选择读书，我只因为自己在读书方面有所长，而选择这条道路。我也曾尝试去探索不同的人生可能，音乐、文学、美术、体育……处处碰壁，最后回到最初的起点，发现我在读书上天赋不错，表现为从小考试成绩优秀。所以，我选择读书这条路，并且一直坚持着。尽管这条路枯燥、辛苦、漫长、杂草丛生，但这是我的选择，我要对我的选择负责。我看到电视屏幕里小小年纪星途璀璨的童星们，也会想：我本来是不是也可以早早功成名就；我看到在各种运动会中十四五岁就拿奖的运动健儿们，也会想：我本来是不是也可以早早拥有世界最高水平。但是每次我都知道，即使我那样选择了，也基本不可能走到他们的高度。我心知肚明，我不喜欢这些，我也没有天赋。而如今，我站在一条我还算喜欢、又具备小小天赋的道路上，又怎么不算是一种幸福呢？

通过这些，我想告诉你：你的路怎么走，都由你自己决定。众人所趋的选择对你来说可能是错误，光鲜亮丽的选择对你来说也不一定就正确。听从你的内心，发掘你的潜能，找到最适合自己的路，坚定地走下去。

当你看到这篇文章时，你可能已经高三，读书的路已走半程，错过了最开始选择道路的机会，这时你发现自己有别的想法时，自认为读书并不适合你时，你该怎么选择？

我的看法：三思而后行。

第一思，这件事情是否正确。

虽然许多事情我们没有标杆，无法衡量它的对错。但我习惯把有争议的事情认为是正确的事情。只有绝对错误的事情才是错误的。

第二思，后果。

如果你确实做了这件事，最好的结果是什么，最坏会产生什么后果，你又是否有能力去承担这些后果。如果这些后果会影响到别的人，他们又能不能承担这样的后果。这件事本身对你的重要性和价值，值不值得你及其他人为此承担这样的后果。

第三思，做法。

如果你决定了要去做某一件事情，“怎么做”和“什么时间做”会尽可能地减少这件事的消极影响。比如，你想做一件事情，但是眼前有高考。如果你想做的这件事真的那么重要，以至于你愿意为其承担任何后果，那就去做。但是，如果等高考完再去做也不会有很大的影响，请你现在先安心高考。

最后，讲一下何去何从的问题。我们可以把这样一个大问题缩小，以选择学校和专业为例。这个问题你仍然需要考虑自己喜欢什么、擅长什么。但不同的是，比起最初做选择，现在你要考虑的东西多了一点。即使你已经有了一个大的方向，但是，几个相似的专业摆在你面前，几个不同的学校摆在你面前，你要怎么选择？

关于专业，在你已经有了一个大的专业范围的情况下，你需要综合考虑：这个专业在当前社会的发展情况和这个专业在你选择范围内的学校的水平。关于学校，你需要考虑学校本身的实力、资源和地理位置，并结合你自身的需求进行选择。同时，你需要比较“学校+专业”的整体实力。当然，这些是在目标不明确的时候的策略，如果有明确的目标，直接选择就可以了。

其他选择也是如此，如果内心有明确的诉求，就不要犹豫，去追寻便是了；如果没有清晰的目标，就要想方设法让自己处于最有利、最适合的位置上，为未来有清晰目标时候的自己创造好的背景和机会。

这些都是我三年高中生活的精华。虽然关于我自己的事情说得不多，但是句句不离我。我曾做过许多别人看似荒唐的选择，但最后都交出了令我自己十分满意的答卷。现在拿出来，这些选择在别人看来依然荒唐但最终的结果在别人眼中成了“传奇”。所以我有感而发，想让更多的少年可以坚定地选择活出自己，向世界证明自己的每一个选择都是正确的。

总体来说，关于选择，我希望你能始终听从自己的内心、坚定自己的选择、不轻易受外界影响、始终向理想中的自己努力。就像弗罗斯特的那首诗——

黄色的树林里分出两条路，
可惜我不能同时去涉足，
我在那路口久久伫立，
我向着一条路极目望去，
直到它消失在丛林深处。
但我却选了另外一条路，
它荒草萋萋，十分幽寂，
显得更诱人、更美丽，
虽然在这条小路上，
都很少留下旅人的足迹。
虽然那天清晨落叶满地，
两条路都未经脚印污染。
啊，留下一条路等改日再见！
但我知道路径延绵无尽头，

恐怕我难以再回返。

也许多少年后在某个地方，

我将轻声叹息把往事回顾，

一片树林里分出两条路，

而我选了人迹更少的一条，

因此走出了这迥异的旅途。

我想提升你的幸福感

谢融之

作者简介：

谢融之，高考总分 651 分，其中语文 131 分、数学 135 分、英语 134 分、理综 251 分，录取清华大学土木工程大类。

很高兴能有机会和大家分享我的一点想法。希望我的分享可以为你带来不一样的收获。

其实高中生活的确是辛苦的。我上高中时，大概每天六点起床，匆匆收拾一下，吃过早饭就得眯着惺忪的睡眼去赶车，到晚上十点半左右放学，到家十一点，睡觉时也已十二点。我想大多数高中生的作息与我的相差无几，这样算来高中生们每天的学习时间至少有十五个小时。事实上有些同学的学习时间还会更长，每天熬夜过一点的同学不在少数，这样高强度的学习，没有人能说一个高中生不勤奋。

努力是突破困难与极限的态度和行动。所以，不努力应该体现在不正视困难，不触摸边界。真正有效的努力是尝试突破的努力。比如我们在自习课上拿出自己买的套卷开始做，两节课过去我们惊奇地发现，这张卷子做起来行云流水、毫不费力。这时我们无疑信心大增，喜气洋洋，仿佛下一刻高考我们都志在必得了。可是事实上，这时的我们和两节课前的我们从知识储备和做题技巧上来说并没有区别，因为我们这两节课的工作都是将非常熟练的技能又练习了一次。

那我们到底应该怎么做呢？首先我们可以找到考试题目，其中考试时不会的题自然需要我们注意并花费心思去弄懂，但是这点儿题量，覆盖面不够大，难以让我们的实力得到全方位提高。所以我们可以根据自己的实际水平进行练习。

如果你是一个学霸级别的同学，那么你的边界大概就是压轴题甚至超过压轴题的水平，建议探索新方法或者是这些知识的基础原理性思想。比如对于一道导数题，你可以尝试不同的方法，归类出不同题型的最佳思路，或者你可以学习微积分，掌握底层逻辑，等等。

如果你是一个成绩稍优的同学，这类同学遇到有技巧的题，大概花些时间和力气是可以解出答案的，运气好压轴题也可以做出来，所以边界大概是某些有意思（需要一些技巧）的题和压轴题。平时需要做的是，大量练习稍有技巧的题，以减少花费的时间和精力，同时将碰运气的压轴题的发挥转化得平稳一点。

如果你是一个成绩处于中等水平的同学，我们就不用担心以上问题了，因为每一道题我们都要做。做简单的题，这是对我们已掌握知识的巩固；做中等难度的题，这是对我们水平的考查；高难度的题可以适当放一放，这种题我们不会做，但看答案或是听别人讲是可以明白的。这是我的一些小建议，同学们可以试着对号入座，不过也要注意结合个人情况，不要盲目哦。

总之，我认为努力需要适度，且要恰到好处。盲目地消耗时间是令人绝望的事，当我们苦坐一天，写得头晕眼花仍不肯休息，却得不到任何收获时，我们心中就没有对自己的认同感，也没有对努力的认同感，反而会产生慌乱和惶恐，因为我们其实能够感觉到自己并没有进步。因此同学们可以找一找自己的边界，找一找学习存在困惑的地方，把更多的时间用在那些方面。这是从方法上提高你的幸福感，希望你可以感觉到：我花了很多的时间和很大力气是有用的，我确实得到了进步和提升，而不是忙碌一天却仍处于焦虑和疑惑中。

高中生活确实很累，我们总有打不完的瞌睡，却还要面对写不完的作业和试卷，但我相信随着高考越来越近，每个同学都会提起一股劲，忍着瞌睡努力学习。因此，我觉得在这里，我不需要质疑你的努力，也不需要质疑你的决心，因为你已经是一个有觉悟的“战士”了。我希望同学们能更快、更清楚地感受到自己的进步，体会到突破困难、掌握新知识的充实和信心；希望同学们能找到令自己感动的目标，想想生活中的浪漫与美好，治愈自己疲惫的心灵，获得再来一次和坚持下去的力量。

我毕业于普通高中，这篇文章是基于我的体会和经历而写。上大学后我听了很多同学高中时期的作息情况，还有管理制度，等等。我认为快乐和幸福的力量很大，它们比咖啡更能提神，比红底白字的标语更能使人振奋。因此我写了这篇文章，给大家一些快乐的建议。但是同学们千万不要忘记刻苦努力是进步的前提！

最后，祝同学们得偿所愿，前程似锦！

从压线进超级中学到考上清华

辛世娇

作者简介：

辛世娇，高考总分 631 分，其中语文 119 分、数学 145 分、英语 141 分、文综 226 分，获得清华大学降低 30 分录取资格，录取清华大学中文系。

我的故事可以说是一个中等生逆袭的故事。

高中时我就读于山西大学附属中学校，中考时我以仅仅比最低录取分数线高两分的成绩考进附中，最开始时我觉得周围的所有人都比我厉害。

高一的第一次月考，我考了年级两百多名，这次考试给了我很大的打击，我怀疑自己是不是从此以后都将和“优秀”这个词不再有关系。但也正是从这次考试开始，我慢慢发现我对理、化、生并不太感兴趣，而文科的学习内容更吸引我，我也更适合文科的思维方式。在经过一段时间的思考和纠结后，我决定选择文科作为自己高中三年的努力方向。因为早早做出了这样的决定，我当时在年级里几乎可以算是一个异类，但我却享受其中，而且这个决定使我越来越坚定和自由。

如果你在高中时也拥有了这样的自由，你会选择做什么呢？我当时采取的策略是在高度重视语、数、英三门主科的同时，自己去探索出一套适合自己的文科学习方法。在其他同学奋笔疾书理、化、生题目时，我背完了高中需要背的全部英语单词，英语练习册写完一本又一本，也做了大量的数学题去总结方法和规律。从这时直到高一结束，我的语文和英语成绩一直在班里排名靠前，而数学几乎每次都是满分，也许我只是因为在这三个科目投入更多的时间而取得了比别人更好的成绩，所以我并不因此沾沾自喜，但这些体验都让我非常坚定地相信了天道酬勤这个道理，直到现在。

在排课很少、没有作业、没有考试的文科科目学习中，这种自由充分调动了我的学习积极性，我珍惜每一节课，并且在课后尝试了各种各样的学习方法：背书、刷题、看参考书的讲解、自己做高考题、尝试怎样把错题本利用得更加有效，甚至有一段时间还用过抄文科课本的笨办法，抄完了好几个本子。其实现在想起来，当时尝试去做的很多事情都是做的无用功，可是我仍然感激当时的自己，没有把大把的空闲时间用来玩手机，而是选择把每一种可能的学习方法都尝试一遍，踏踏实实地走出了一条适合自己的路。

值得一提的是，在决定学文以后，考虑上理科课时坐在前排可能会影响到老师和其他同学，我主动要求坐到了教室的最后一排，现在想起来，那仍然是我高中三年最美好的一段时光。有一天晚自习有物理小测试，我在最后一排的座位上思考历史题目，抬起头来看见前面奋笔疾书的同学们，感觉好像万籁俱寂，只能听得见自己内心的声音。没有文科考试，也没有其他学文的同学作为比较的对象，在几乎半年的时间里我并不知道自己的学习水平到底如何，只是摸索着往前走，做自己觉得对的事情。高一下学期，决定学文科的人慢慢多了起来，学校安排了一场文科考试，在这场只有一百多人参加的考试中，我拿到了第一名，并且比第二名高出二十五分。这是三年中我取得的第一个年级第一，我的高一在这里结束，与清华的缘分也从这里开始埋下了种子。

我叙述高一这一年的生活比较详细，因为我觉得它确实是带给我最多收获和美好体验的一年，哪怕我当时还不是很优秀，我也非常喜欢那时的自己。我也觉得这样的经历可以为高中生选择怎样度过剩下的高中时光提供一些参考。我想分享的还有以下三点。

第一，做选择时，要综合考虑自己的兴趣和能力。

第二，在做出合适的选择后要坚持努力，珍惜时间，相信付出一定有回报。

第三，要永远听从自己内心的声音，自己内心的满足感远远比他人的看法更重要。希望每个高中生在忙碌中都可以保持这样的状态，积极地生活和学习，认同自己的每一分努力和坚持，也能不断地收到正向反馈。

高二的时候我进入了文科班，在学习方面，文科课程自然成了重点，作业和考试也多了起来，我自由学习的空间也被大大限制。我跟随老师脚步的同时，坚持运用高一探索出来的适合自己的学习方法。在高一时，我比其他同学在文科上投入了更多时间，所以成绩更好，但高二，每个人的投入都很多，我失去了时间优势，只能更加重视学习效率的提高。

因为高一时的基础比较好，在语、数、英上有优势，再加上持续不断的努力，高二时我的学习成绩都稳定在年级前三，这使我更加坚定和积极地开启了我的高三生活。在高二结束之后那个只有一个月的暑假里，学校布置了很多的暑假作业，我也开始了自己的一轮复习，补习之前两年学习的一些漏洞。因此，我建议同学们，在寒暑假里，要学会安排自己的时间，坚持每天做一些题来保持手感，或许可以实现弯道超车。

我的高三大概可以从中间切开，分为前半段和后半段。前半段我几乎一帆风顺。学校的考试很密集，考试周期从一个月缩短到三周，到两周，最后一周一次，每天晚自习也有考试。我慢慢地适应了高三紧张忙碌的节奏，跟着老师的步伐进行系统的一轮复习，我的学习状态保持得比较好。从 2017 年 3 月到 2018 年 1 月，我连续考了十几次年级第一，也因此参加了那年冬天清华的文科冬令营，获得优秀认定，获得了降低三十分的录取资格。

从高三下学期开始，学习压力越来越大，我的成绩也开始出现了一些波动，在我信心满满的太原市一模和二模中，我只取得了全市第二和全市第五的成绩，现在想起来也许会觉得这样的成绩很好，但我当时陷入了对第一的执念当中，感到非常受挫。我总是斤斤计较于每一次考试的每一分，总是怀疑自己的能力，对自己感到失望，害怕辜负父母、老师和清华招生组的期望，我当时在痛苦中挣扎了两个月之久难以自拔。这种情况一直持续到在距离高考只有十几天时。我一方面想让高考快点到来，这样就可以早日摆脱复习后期的疲惫状态，开始享受自由美好的暑期生活，另一方面又害怕当那张卷子发下来时，上面出现的偏难怪题会令我目瞪口呆，所以希望复习时间还是越长越好。在这样的矛盾心态中，从史铁生《我与地坛》中的一句话获得了某种启发，我想，往短了说我为高考准备了三年，往长了说似乎从小学开始争取升入重点初中和重点高中就是在为它做准备了，我已经为它准备了十二年，它早已成为我人生的一部分，我为什么要对它的到来感到害怕呢？所以我和高考的最终会面应该是一个瓜熟蒂落、水到渠成的过程，既不需要过分期待，也不需要过分焦虑，只需要每一天做好自己应该做的事情，静静地等它到来就好了，这样的想法帮助我在最后的几天里稳住阵脚，把平缓的情绪延续到两天的高考结束为止。

最后，我的高中结束了，我选择了自己喜欢的专业，来到了向往已久的清华园，也得以在这里分享我的故事，给更多的高中生传递勇气和力量。

做好自己，不断前行

袁东

作者简介：

袁东，高考总分697分，其中语文124分、数学144分、英语145分、理综284分，录取清华大学土木工程系。

我上大学之前，并未接触太多优质的教育资源，能上清华，是自己同家长和老师一起克服各种困难和不断奋斗的结果。

我的小学和初中就读的都是乡镇学校，在这九年的时间里，自己并未对未来有过太多想法，甚至对自己的成绩也没有太多关注。幸运的是，在最后全市统考的中考中，我极其幸运地取得了全县第一、全市第十四的好成绩。不过，最后阴差阳错，我选择了离家最近的县里的高中，相比市里的高中，县里的高中各方面都是有限制的，因此在当时来看，这个选择并不是十分明智的。不过很幸运，在这个学校我遇到很多对我关怀颇多的老师，还遇到了影响我一生的班主任。

我高中的学习是懵懵懂懂的，学习上，经历了比之前更多的起伏，也曾一度跌落低谷。

在生活上，我也并非自律达人，更是有各种情感上的琐事，磕磕绊绊地陪自己度过了高中三年。我也是在高三那一年才明白，自己应当沉下心来好好学习。但高三那年有很多意外，6 月 6 日高考，6 月 3 日晚上我因为急性缺钾休克，输了两天的电解质，直到上考场的时候，双手上的针孔依旧清晰可见。不过仿佛是医院里输液室孩童的吵闹让我的心静下来，考场的几个小时成为我高三一年里最为平静的时刻，直到出分的那天才又感受到激动和紧张。

我认识到：学习也好，生活也罢，人生总会遇到很多坎坷，我们不必刻意去想未来在何方，不必太多考虑人生的意义，只需要知道，做好自己，不断前行，足矣。

如今我身处清华，依旧在探寻，也会迷茫，但我相信自己终会找到自己的方向。在此也简单分享一些我的学习感想和方法。

作为学生，应当有细致的学习方法和大胆的思维。我认为以下几点对于每个想进步的同学都是很重要的。

1. 认识自己

在高三的学习中，我经常会做的一件事是，对自己各方面做一个较为全面的分析。不论是学习上，还是生活上，对自己的状态有清晰的认知都是必需的。学习上自我剖析的重要性不用再强调了，但关于学习方法是值得注意的。很重要的一个方面是明确自己究竟哪里不会：出错的必然不会（没有失误和过失性失分的说法，哪怕是实数加减法做错了都得好好反思），没出错的也未必都会。很多题，尤其是语文、生物学科的题，自己虽然得出正确答案，却未必知道正确解题方法。生活问题，很多同学容易忽视，每天虽然都是简单的按部就班，但却没有想过自己的生活方式和节奏究竟能不能优化，生活状态会在很大程度上影响自己的学习。

2. 明确目标，着手眼下

明确目标很重要。我个人理解，目标应当从大到小。

首先是自己希望考多少分，上什么大学；

然后是希望自己下次月考分数多少，进步多少；

再细分，这一周或者半个月，将对哪些知识点进行突击；

进一步细分，明确自己每个课间十分钟，做哪几道题。

对目标的正确态度，我认为：记住自己想考的大学，但永远不要每天幻想这件事，这个目标很缥缈，遇到困难时想一想勉励自己就好了，永远不要在自己不断进步的时候去想，很容易沉迷。而且，短期计划更重要，做好短期计划才是获得进步的关键。尤其是以周或者半月为单位，对自己不清晰的问题的攻坚，是相当有意义且效果显著的。

说到底就是，你的目标大学可以成为一盏灯塔，但并不能成为解决当下问题的良药。清华也好，北大也罢，在录取通知书拿到之前只能是自己的梦想。少做梦，多做事，才能走得更远。

3. 找出问题

查漏补缺，可能是高三唯一紧急且让老师不断重复的事。但很多同学其实并不清楚复习中存在哪些问题。前面简单提了一点，出错的题必然不会，没出错的题也未必都会。说得更直白一些，题目做得顺不顺、会不会完全凭自我感受。我习惯将自己所有做错的题目，统一归类，按照知识点集中起来，再统一复习，做到从知识点到题目和题目到知识点对应。典型题目我一定牢记，做到对相应题型要牢记。

也有很多人说整理错题本，但我自己觉得没必要，没有错题本也能把错题很好地归类，但具体怎么做，可以按照自己的节奏和时间协调选择。

4. 多问问题，多沟通

我在高中阶段，问题总是很多的，做题也好，生活也好。我解决问题的主要方法：多与老师沟通，尤其是学习上的问题，与老师沟通很重要。

5. 找到一件简单、有乐趣且积极健康的事

学习的过程可能会很辛苦，但苦中作乐的革命乐观主义精神始终是必要的。如何苦中作乐呢？我的建议：选择一项体育活动。体育活动一方面可以起到强身健体的作用，另一方面，坚持一定强度的体育锻炼有利于不断培养自己吃苦的精神。我一直坚持做俯卧撑，基本每晚都会做，同时会不断挑战自己的极限，从刚开始一次十多个，到后来一次四五十个，身体素质明显变好。同时，挑战极限的快感，让我在学习遇到问题时，能坚持下去。体育锻炼对释放压力发挥很大的作用，对自己坚持奋斗的意志也会有潜移默化的影响。因此推荐大家坚持体育锻炼，晚自习后，跑跑步、做做引体向上等都是不错的选择。

6. 拥有良好的生活习惯

充足的休息才能保证学习的高效。晚上的学习效率很低，花大量时间做最少的事，相当不划算，所以个人建议不要养成长期熬夜的习惯，尽量不要给夜晚安排太多的任务。午睡也一样，合理安排午睡时间，哪怕只有半个小时也非常有效果。半个小时你写不完一张试卷，甚至写不出来两道数学题，但你可以让自己下午和晚上拥有双倍的效率。

我的个人习惯是固定时间睡觉，比如晚上 23:40 准时睡，早上 6:20 准时起，此前此后都是高度集中的学习时间。每天回到宿舍，除了洗漱时间，到晚上 23:40 前，都是我的学习时间，有时会写作业、看书或者回顾当天的内容和计划第二天的内容，有时也会看课外书。甚至高三一年，我依然利用每晚短暂的十几分钟，看完了大概六七

本书，《活着》《围城》《明朝那些事儿》《周作人散文集》等都是这一时间段读完的。当然这只是我的个人习惯，或许并不普适，但个人习惯一定不能影响正常上课、学习和休息。

很多时候，学习的过程犹如在黑夜中行舟，然而灯塔却需要自己去寻找。学习的灯塔，可以是我们的理想，可以是我们的目标，也可以是我们心中的每一丝想法。我们每一次用力地划桨都会向岸边不断靠近，至于什么时候能到达，时间会告诉我们答案。

诸君共勉。

初一确定目标：我想上清华

张欣悦

作者简介：

张欣悦，高考总分612分，其中语文105分、数学134分、英语132分、理综241分，获得清华大学降分至一本线下二十分录取，录取清华大学土木工程系暨建设管理系。

我是一名体育特长生，毫不夸张地说，从我初一接触排球训练并且知道可以通过体育特长拿到清华的降分开始，我就有了一个目标，一个看似不可能，一个一直被我埋在心底、没有告诉教练、没有告诉家长、没有告诉朋友的目标——我想上清华。虽然一路上磕磕绊绊，我有时也会觉得自己异想天开，但是我却从没有停下努力的脚步。尽管经历过低谷，尽管遭受过冷眼，但是我从没有想过放弃……

我是一个北京人，虽然身处北京，但是小学和初中都是在郊区上学，所以尽管我在初中名列年级前茅，但是我清楚地知道：如果把我的成绩放到海淀区或者西城区肯定是不值一提的。

机缘巧合下，我初一接触到了排球，并且在整个初中阶段，一直兼顾学业和训练。正是因为体育特长和还算优异的学习成绩，我在人生的舞台上往前迈了一步，我来到了北师大实验中学，在这里经历的一切可以说是我人生的一个转折点。

来到北师大实验中学，我早就料到，会从“鸡头”变为“凤尾”。因为这里的同学大多从小就享有城里良好的教育资源。而我来到这里，真正成了一名体育特长生。

刚到重点高中的我，带着一股不服输的劲头，学习很拼命。我每天会在班级里自习到很晚，训练完回到宿舍依然会继续学习。就这样，高中的第一次期中考试我取得了班里第九名的好成绩，当时班里一共 47 名学生。我坚持自己的学习生活节奏，期末考试又前进了五名，排到了全班第四名。

高三之前，有那么一段时间，我觉得自己的生活是阴暗的，是压抑的，只有在教室里努力学习的我才是真正的我，只有在训练场上投入训练的我才是真正的我。我有意无意地避开特长生那个圈子，又试图在其中寻找中立者，甚至寻找同类。很幸运我找到了这样一个人。他和我一样，是一个为自己努力的特长生，他从小练习游泳，而且初中就小有名气，因为他明明可以靠特长，但他却偏偏靠成绩考入了这所高中。我们恰巧被分到了一个班级，就这样，高中三年里，我们从不认识，变成了可以跨越性别、一起陪着对方努力的好朋友。我们的成绩一直不相上下，当然我也会有意无意地和他比较一番。我有梦想，而且这个梦想从小就有了，我想考上清华大学。所以我一边拼命地学习，一边努力地练着排球，因为我知道，凭我的成绩想考上清华还是有一定困难的，但是排球是我的希望。

虽然我从初一开始接触排球，但是我在郊区的初中没有经过系统的训练，所以我的排球基础很差。高一高二我打不上主力，我当时就是一个实打实的“饮水机管理员”。有时我也会怀疑自己最初的目标会成为泡影，因为和队友的差距是显而易见的。但是有一位老教练，特别看好我，可能是因为看到了我不服输的劲头，也可能是看到了我从学习上迁移过来的韧劲。总之，从高一开始，教练一直陪着我，给我信念，给我力量，他说只要你付出足够多的努力，没什么不可以。所以他常常会带着我加练，我也从不缺席他的信任。每一次老教练提前到训练场，我也会提前来等他，他晚走我也就跟着他一起晚下课，周末回到家他会给我布置额外的训练任务帮我练习弹跳，帮我练习耐力。如果用一个词来形容自己，我觉得“厚积薄发”非常合适，因为通过两年的摸爬滚打，我一步一步往上爬，终于在高三的一次比赛中我像开了窍一样手感火热，超水平发挥，可能这就是量变引起的质变吧。从那时开始我终于成为队里的主力，但是留给我的时间不多了，距离寒假的高水平运动员测试只有不到半年的时间，我在这仅有的半年时间里，用比赛成绩证明了自己。我随队一起获得了北京市排球联赛高中女子组冠军，在高三寒假我得到了清华的认证。拿到认证的那一天我清楚地记得，来到训练场我第一时间告诉了我的老教练，他激动地拥抱了我。那一刻，我觉得一切付出都是值得的，虽然还没有高考，一切还没有尘埃落定，但是心里半悬着的石头算是快落地了。高三最后一个学期，我心无旁骛，满心只有一个目标，就是清华大学。这是我觉得自己离目标最近的一次，在倒计时的每一天里，尽管疲惫，尽管困倦，但我依然会握紧手上的笔、依然有动力。现在回想起高中生活，最快乐的大概就是高三了，虽然紧张，但是我把一切烦恼抛在脑后，专注自己的方向，坚定地向前走，直到成功到达彼岸。在走出高考考场的那一刻，我知道自己可以了！

回忆自己的中学时代，初中有过考年级第一的辉煌，高中也有过在替补席的不甘，有过对目标的不坚定，也有过实现目标的幸福。我戴过光环，也感受过渺小。感谢我的教练，感谢我的朋友，但最要感谢的还是那个曾在阴沟里也不忘仰望星空、不服输、不流泪、一直坚持着没有放弃的自己！

平芜尽处是春山

张鑫杰

作者简介：

张鑫杰，高考总分653分，其中语文108分、数学132分、英语138分、物理95分、化学90分、生物90分，通过强基计划选拔考试，录取清华大学探微书院。

大家好，我叫张鑫杰，高中毕业于江苏省宜兴中学校，是2021届考生，如今就读于清华大学探微书院环境工程方向。如果对清华招生政策了解多一点的同学应该会知道，探微书院是清华响应国家“强基计划”的号召开设的五大强基书院之一。我也是通过“强基计划”得偿所愿，最终走进清华的。不同于许许多多或天资聪颖，或坚毅卓绝的天才少年们，我就是一个普普通通的学生，依靠着一些努力和方法，还有一点点的运气，最终来到了清华。所以欢迎大家来聆听我的故事，也许哪天，它也将成为你的故事。

我与清华

大概在每个人的童年时，家长都会半开玩笑半期待地问：你想上清华还是北大呀？当我童年被问到这个问题时，彼时的我对此全无概念，只是出于本能地说：清华。可能有些喜欢就是没有逻辑可言的，喜欢李白甚于杜甫，喜欢清华甚于北大——也可能就是喜欢那个文雅美好的词汇。

我很小的时候就来过北京，来过清华。那时的所见所闻已然模糊了，只剩下一张在主楼草坪前的照片，照片上的我笑意盎然。初三的时候，我通过了县中学的选拔，可以提前就读高中，免去中考。所以得闲再赴清华，恰逢校庆日，漫步在清华路的林荫下，身畔所过是骑着车的年轻学子，以及相互搀扶的老校友，青丝或白发，唯一相同的是他们眼里的熠熠光辉。我很难用言语描述那一刻的感受，大约是感受到了一种属于清华的积淀和传承，自此，我对清华的向往再不能用“对一流名校的向往”来敷衍解释。“成为他们中的一员，该多好。”我悄悄地在心里对自己说。

我与清华更深的羁绊源于高二，那时的我，模模糊糊地开始了对职业生涯的规划。我参加了清华的暑校，碰巧带班的学姐就是建筑学院的大三学生，在她的介绍下，我深入了解了这个专业，深入了解了清华，也感受到了清华在冷冰冰的科研之外，又有着何等温暖的人文关怀——学姐彼时一边负责暑校，一边在河北参与清华的乡村振兴项目，而像这样的公益项目和实践，在清华多得数不清。这样的清华，我怎能不爱，怎能不希冀自己也成为他们中的一员？我给学姐寄了一封信，拜托她在我进入清华（如果能够的话）后，再回寄给我。

我又看到了曾经稚拙的字体，看到学姐在信的最后的落笔——“平芜尽处是春山”。

学习方法

如开头所说，我是一个普普通通的学生，这真的不是谦虚，直到高三上学期为止，我的语文和生物都艰难地徘徊在班级平均分附近，而数学、化学更是达不到平均分。在学习方面，我不认为自己属于特别聪明、一点就通的类型，也不能算是多么刻苦的，但是对学习方法的总结，我还是颇为自信的，靠着这些方法，我的各个学科，尤其是数学在复习后期有了质的飞跃。我相信这些技巧，如果大家运用得当，一定也会有效果的。

先说一下我本人所在地的考试形式。2021 年高考，江苏省第一次采用了全国统一的新一卷和自由选科的形式。无论是我们还是老师都很不适应这样的变化。不同于江苏卷的“难题极难、简单题极简单”，全国卷“更平均、更综合”，换言之，也更考验你的灵活性和应试技巧——同等水平的两个人，以不同方式答题，最终结果可能是天差地别的。但是无论你所在的考区用的哪套卷子，学习和解题的方法其实总是有迹可循的。

我本人是选考物、化、生的，对我来说，文科其实也就是语文和英语。我认为这两个学科最大的共同点就是一种模糊感，许多题目也许给不出一个让所有人都无比赞同的答案。因此我认为第一个要点就是切忌钻牛角尖，比如你做错了一道阅读理解，但你觉得自己的答案很有道理，于是同老师争辩——合理的质询肯定是没有坏处的，它可以加深你的思考，但是不能因为固执己见而刻意否定其他想法。要试着去听取老师的意见，从另一个角度来考虑这道题，时间长了，你的思路自然会更加灵活，再做类似的题，你就能想到：这个选项不错，但是那一个是不是更对、更符合文义？

除却这类模糊性问题，积累是必不可少的。我有语文、英语各一本积累本，语文记下每张考卷中出现但是不清楚的文言词，记下好句子好例子，并根据可以使用的作文主题给它们归类。英语同样如此，重复记错的语法和单词，还有作文里可以使用的语段，具体到

“笑用什么短语、哭用什么短语”，都应当出现在你的积累本上，才算是全面了。

理科的学习在我看来主要是三个层面：第一，多看课本；第二，整理错题；第三，整理题型。

第一点是我的高中数学老师经常强调的，起初我不以为然，但是一轮复习的时候，他结合着课本给我们梳理出整个知识框架，我才真切地感受到，原来书上什么都有。生物和化学尤其如此，考试的时候我觉得冷门的知识（比如支原体），重翻课本后都能在某个段落找到相关内容。

第二点是整理错题，这应该是不少同学都有的习惯，但是整理错题也要讲究方法，不能一股脑都抄上去，之后却不加思考。错题首先应当分为两类：掉入陷阱的和低级错误。掉入陷阱的，你要考虑它的迷惑点在哪儿，类比其他题目是不是有类似的迷惑点。而不会的题也不能直接抄上正确答案，我习惯记下题目，然后空几行，再写解题思路，再空几行写详细解答过程。等回头来复习错题时，应当先遮住下面，直接看题，是否有思路？如果没有，再看解题思路，看了会做吗？如果还是不会，要么说明你这部分一窍不通，要么说明你之前总结的思路就是有问题的。而这个解题思路总结其实也就对应到了第三部分——整理题型。

随着错题本上的题目逐渐增加，就应当试着去分类。我以数学为例，数学本身有许多大板块，比如导数、解析几何等等，这本身就是一个大分类，在这之下，又有更细的划分，比如解三角中有求第三边最短的问题，有求面积最小的问题，导数中有极值点偏移问题，有三角函数求导问题，等等。针对每个这样的小题型，你都应该总结一个方法，再附上几道应用这个方法解答的例题，当你把所有的题型都以这样的方式归纳了一遍，你再做卷子时，其实不是在做一道道陌生的题目，而是在想这道题属于哪一类，能对号入座了，方法也就一目了然了。当然，这个整理的过程极其劳心费力，我建议大家尽早开始这方面的工作（可以用活页本，方便增删）。当完整的学科体系构建起来之后，你会发现：这个整理的工作绝对是值得的。在高三下学期，我的数学能力依然一般，最难的大题还是做不出来，但是我可以保证除此之外的题都胸有成竹，而且可以很快地完成——试想当你还剩下将近一个小时来做那几道难题时，是何等放松、何等从容，那成功解答的概率也就提高了。

以上就是我与清华的故事，还有我的一些学习方法总结，我把当年学姐给我的赠语——“平芜尽处是春山”送给大家，高中的生活也许疲惫乏味，但是当你落座于考场，下笔如有神之际，笔下那张卷子最终会成为你走向理想学府的桥梁。

加油！我在清华等待着诸位！

我如何走出高中的两段低谷期

苑斯琪

作者简介：

苑斯琪，通过 2020 年清华大学外语保送生考试，录取清华大学人文学院外文系英语专业。

现在是大二下学期的第十四周，距离期末考试还有两个星期。此时已是深夜，我坐在明亮的“C 楼”，对着《英文诗歌选》读得抓耳挠腮。我周围几乎不见一个空位，环绕着“咔嗒咔嗒”的敲击键盘声。我想了想，重新开了一个 word 文档，这个氛围，非常适合从回忆里汲取些许能量。

整个高中时期，我的状态都是不断起伏的，我想要分享其中两段低谷期，它们分别位于我高中时代的开始和结尾。因为每一个低谷期后都伴随着反思和崛起，这个过程令我受益匪浅，希望能给尚在中学时期的你们一些动力。

第一个阶段：初入高中时期

我的高中时期是从一次挫折开始的——中考失利。初中时我就读于一所重点中学，成绩一直排在年级前列，班主任对我的期望甚高，时常鼓励我要冲击全市状元云云。但初三下学期我的成绩却起伏不定，甚至在中考前的最后一次模拟考试中，考出了三年中的最差。我开始焦虑，但又必须维护着身为一名“尖子生”的骄傲姿态，周围人的期待对我而言逐渐变成了一种负担。果不其然，中考时虽然不出意料地升入全市最好的高中，但是，是以年级将近二百名的中考成绩进入的。

抱着失利的心态进入郑州外国语学校，我自然将“证明自己”放在了第一位，那时的我，心理脆弱而要强。高一刚入学，我的好胜心达到了巅峰，每天早上五点前必然起床学习，午饭、晚饭想起来就吃，想不起来就作罢，每天都匆匆忙忙。但戏剧性的是，我并没有取得什么好成绩，反而连续两次在考前高烧，月考时顶着将近 39 度的体温连考了三天。

期中考试，因为化学题难度超纲，整张卷子几乎没有几道题会做。考完化学后我甚至怀疑自己会不会倒数。那天晚上，我哭着给妈妈打电话，说不想考了要回家。第二天妈妈真的从家赶到郊区的学校接我，但她温柔而坚定地对我说：无论结果如何都不能中途放弃。考完那天妈妈接我回家，带我去吃最喜欢的麻辣烫，我吃着吃着，眼泪滴在了汤里。两次考试，我的成绩都在年级一百名徘徊，我曾经要强的自尊心被狠狠摔在地上。

期中考试结束后，我开始正视自己的情况，从基础知识开始学起，不再因为之前的光环而患得患失。我决定依然保持早起学习的习惯，但不再随意对待午饭和晚饭，要保证身体健康。我利用了所有可用的时间：早起的一个小时用来背历史，早读背语文、英语，甚至做课间操的时候身上都带着英语卷子做题，中午放学我会在教室多背二十分钟的化学和生物公式，在食堂排队时反刍知识，大课间去食堂买好饼和粥，一边吃一边背政治、地理，晚自习时间全部用来学数学和物理。

这种安排看起来很拥挤，但实际执行时让人乐在其中，因为不断掌握新知识本来就是一个快乐的过程，在大脑中，原本抽象的数学、物理公式有了自己的意义，化学反应自有一套规律，语文阅读理解背后是读懂文本之美，这些让我第一次真正体悟到：除了争名次以外，学习有其独特的魅力。

第三次月考时我非常放松，考完之后，我有一点点预感，自己的名次可能会不错，但是也没有非常期待。考试成绩出来的那天，班主任宣布："我们班考得不错，有两位同学进入了年级前十。"在看到成绩单之前，我完全没有想到其中一位会是我。当我耗尽全力去追逐靠前的排名时，它弃我而去；当我不再在意时，反而失而复得，这让我认识到了学习最重要的一点：享受学习本身，不要太在意结果。

第二个阶段：准备保送考试之前

在选择了并不是很擅长的理科之后，我高二的一整年都过得平平淡淡，成绩时好时坏，好的时候可以进入年级前十，坏的时候不过六七十名。学习有条不紊地进行，闲的时候去小书店和图书馆翻两本喜欢的书，从马尔克斯读到阿列克谢耶维奇，从《楚辞》读到《后汉书》。周末在辅导班自习，学累了就穿过街心小公园去买奶茶。

我的母校郑州外国语学校是全国 16 所有外语保送资格的外国语学校之一。选择外语类保送的决定是高二下学期做出的，一方面是我对数学的兴趣越来越小，而且，我擅长的生物和化学已经不能带给我更多快乐了；另一方面我也是认清了自己真正喜欢的确实是人文类的专业，自己最擅长的科目也是语文和英语，选择外语保送，成功的概率会大一点。

但是，外语类保送的路并非一帆风顺，甚至充满坎坷。为了准备选拔考试，我高二之前就背完了四、六级单词，高二暑假甚至背了小半本“专八”单词，做完了一整本六级阅读理解。可能是因为我把过多的精力投入到了语文和英语上，高三最初的几次考试我的成绩都极差。更麻烦的是，2019 年 8 月底我开始生病，一直咳嗽，说两句话或者大笑两声就会剧烈地咳嗽，最严重的时候会呕吐和咯血，晚上睡觉时还经常被浓痰堵塞呼吸道。整个 9 月和 10 月我几乎没有正常在学校上课，父母带着我辗转各大医院却查不出病因，稍微好转一点的时候却又在某个晚自习突然发高烧，又被送到了医院。

但此时的我比起高一时已经有了许多变化，即使在这样棘手的情况下，我也能井井有条地规划自己的学习和生活，什么时候去输液、什么时候去复查、什么时候写作业、什么时候做保送相关的练习，都纳入了我的计划之中，每天想的是做题和整理，明天要复习什么内容。我努力把自己的精神从身体的病痛中抽离出来，努力让自己不要受到考试压力和挫败的干扰。

10 月 25 日校内选拔考试举行，我并没有发挥出最好的水平，但也稳稳地进入了“大名单”，加上高一、高二突出的期末成绩，我顺利地获得了清华大学的保送资格。接下来的两个月我们搬出了原本的教室，组成了两个保送班级。每天早上一起练习口语，上午做英语题，下午做数学题，晚上继续准备面试。

2019 年的最后一天，我前往武汉应考武汉大学。2020 年 1 月 7 日我迎来了 18 岁生日，很多好友前来为我庆祝生日。这一天我收到了通过武汉大学考试的通知，并获得中国人民大学初审通过的消息，第二天我将启程前往北京。那天晚上下了大雪，我拖着箱子离开学校，箱子里面全是书，1 月 9 日至 10 日是北京外国语大学的考试，13 日至 14 日是清华大学的，15 日至 16 日是中国人民大学的。在人大考试结束的当天晚上，我接到了清华的录取通知。

感觉好像很长的一段时间，其实不过短短两周。上大学以后，我这样形容这两周：“那是一种命运接踵而至的感觉。”

其实，在清华的笔试和面试之后，我真的觉得：自己并不是十分优秀，怎么会得到清华的青睐？但仔细想来，当我学会在病痛中努力生活，学会看淡结果，当高中两年半的时间里不知多少个无人的清晨或夜晚，我捧着书本默默记忆或奋笔疾书时，有很多东西似乎早就注定了。

我的经历也许不是对所有人都有借鉴意义，但经验是最宝贵的。希望你们坚强、乐观，在这个最好的年华里，有一颗热烈跳动的心，努力奔向未来。

还要有一个健康的身体，不要像我一样总是在关键时刻和疾病缠斗。

难忘的竞赛生涯

王宁

作者简介：

王宁，高考总分 683 分，其中，语文 125 分、数学 141 分、英语 139 分、理综 278 分，获得清华大学领军计划降低 20 分录取资格，录取清华大学土木工程系。

每当想起自己那段短暂而又充实的竞赛经历，我的思绪就不禁被拉回了那间宽敞明亮的教室，那段浸透着奋斗的光辉岁月……

我的家乡位于河南省一个闭塞贫困的小县城，中考时我以全县第一名的成绩考入了县城里的第一中学。进入高中后，我保持着良好的学习习惯与刻苦认真的学习作风，成绩依然十分稳定，我的内心也树立了“考上清北”的目标。

就在高一寒假的时候，学校组织我们十几名成绩优异的同学到北京的一家培训机构进行培训，培训的内容是各个学科竞赛的相关内容，而出于一直以来对数学的喜欢，我报名了数学竞赛的培训。这次培训对我的影响和震撼是很大的，一直以来我都觉得和其他学科相比我的数学的思维性和技巧性都是很强的，但这种难度都是在我能接受和很轻易地熟练应用的范围内。这次培训让我见识到了什么是真正的思维性、什么是真正地将技巧应用得炉火纯青。我有时会遇到看似无解的题目，但通过某种巧妙的方法突然就豁然开朗，内心的那种激动、快感是难以形容的！于是我打定主意，我要参加数学竞赛！

梦想是美好的，但现实是残酷的。我在竞赛方面的经验近乎为零，这意味着，如果我要参加竞赛的话，竞赛这条道路注定是坎坷的，我能走到底吗？高考怎么办？身边的同学和老师都告诉我，不要在竞赛上花时间，应该把全部精力都投入到课内的学习。是呀，以我稳定的成绩，我完全可以按照大多数人的轨迹通过高考的方式进入清北。但是我不甘心，经过激烈的心理挣扎，我采取了折中的办法，就是尽量在不影响课内成绩的前提下自学竞赛知识。

培训回来后，我就开始了行动。听竞赛培训的老师讲，学习竞赛知识要先把自己课内的知识补全，于是我找了数学老师借来了高中所有的数学课本及一本一轮复习资料，凭着自己良好的数学基础和过硬的自学本领，我一边如饥似渴地消化新知识，一边在复习资料中找对应的练习去做。所有的这些都是在数学课堂上进行的，也就是说我几乎再没有听过数学老师讲课，但平时的作业我还是及时完成的，剩下的课余时间都用在了学数学上。那段时间，我每天都要接受大量的新知识，但我从来都不觉得苦，相反，我心里有一种自豪感。时光慢慢地流逝，连我自己都不敢相信，只是短短的一个学期，我就学完了所有的高中数学知识！

我更加满怀信心，继续向下一个目标前进。我买了一套数学竞赛的小丛书，利用上数学课的时间一点点地学。好在我的物理与化学老师，经常把大量的课堂时间留给我们自习，这些时间也就为我所用了。但我没有想到的是，这一过程会如此艰难。那些题目的证明过程实在是繁杂，有时候为了研究清楚一个记号就要花上一节课的时间，好不容易把一道题的证明过程搞懂了，可是又归纳不出来什么方法或思路上的东西，看到新的题目还是一脸懵，课内的成绩也开始下滑。老师们注意到了我的异样，虽然没有直说，但也会旁敲侧击地建议我不要再学下去了。偶尔，我真的会放弃一段时间。比如，一次考试成绩如果真的特别难看，内心过于崩溃，我就会“消停”一阵子，但经过一段时间成绩上来了，我就会“不争气”地又开始学习竞赛内容了。在这种反反复复的挣扎中，我终于熬过来了，我把十几本小丛书都翻了一遍！由于觉得一遍效果不好，我又翻了一遍，就这样到了高三。

到了高三我的内心渐渐少了一分狂热，多了一分冷静。我不能自欺欺人骗自己说“只要自己努力就一定会有好结果”，对于竞赛来说可能并不是这样的，如果没有好的指导，自己也许一直都在错误的路上前进，尤其是高三有一段时间，通过一些竞赛方面的练习题更是让我觉得自己离参加竞赛还是有一段距离的。虽然一直梦想着自己能在竞赛上有所建树，即便自己最后不能实现，但只要为之努力过了，内心就不遗憾。

终于，省赛来了。说实话，进入考场的时候内心还是很忐忑的，但走出的时候就释然了，自己已经努力过了，何必去纠结最后的结果呢。最后出人意料的是，我拿到了省一等奖，当然这也意味着竞赛生涯到这里就结束了，但我并不感到遗憾，相反我更加有动力地投入到课内的学习中去。

比赛结束后，我渐渐地发现，之前的那些努力并没有白费，它对我之后的学习有很多帮助。由于有那么多高难度题目的熏陶，再看那些课内的题目就会觉得非常简单。而且，之前准备竞赛，经历过那样的苦，到了高三反倒是不觉得有什么苦的地方。那段日子，为了挤出时间自学数学，我总是需要很快地完成课内作业，潜移默化中我的做题速度提高了很多，对我之后做“理综”有很大帮助。而且，那段时间里锻炼的自学能力对我的帮助更大，一直到大学里这种能力对自己的学习也是大有裨益的。

我一直不能忘怀那段日子，它时时刻刻在提醒着我：人一定要敢于做梦，不管那个梦有多么不切实际，多么难以实现。而有了梦一定要为之奋斗，就算最后迫于现实不能实现，但只要为之努力了内心就不会遗憾！

进入清华的“逆袭者”

张婉晴

作者简介：

张婉晴，高考总分632分，其中，语文121分、数学138分、英语144分、文综229分，清华大学艺术史论系招考四川省总分第一。

如果让我倒退回到初三或者高一，我是想也不敢想自己有一天会和“清华”这个如雷贯耳的名字产生联系的。

回顾我三年的高中生涯，可以说是一部充满艰辛和幸运的励志奋斗史。我并非大多数进入清华大学的那种天才型选手，但是我的努力和拼搏，同样让我有和他们一样平等交流、学习和竞争的自信。所以特别希望我的分享，能够让那些像曾经的我一样、基础并不是十分优秀、很努力但不自信的同学获得一些共鸣和帮助。

我初中、高中就读于同一所中学，算不上重点中学，但在普通中学里算是数一数二的。初中三年，我如果努力一下，学习成绩能排到年级前列，但我并没有花很多心思在学习上，总体保持一个年级中等偏上的水平。初中升高中的时候，身为外地生的我，不敢奢求考上市里最有名的那几所重点高中，最大的目标也仅仅是直升本校罢了。中考，我的成绩是579分，超过重点线20多分，达到了直升标准，运气很好，没有花多余的工夫，顺利升入高中。但是，从这个成绩也可以看出，我的基础素养远远算不上优秀。

升入高一，我的目标也很低，考上一本就差不多了。由于直升的原因，我和其他尖子生一起进入了重点班，在文理分科前，课业是十分繁重冗杂的。又由于内向和莫名其妙的自尊心，我开始对学习丧失兴趣了。所以，数学课、物理课、化学课、历史课……总能看到我呼呼大睡的身影。甚至我开始频繁请假，差点早早辍学。缺勤和课堂不认真，导致我的学习成绩只有长线学科拿得出手，物理和地理甚至徘徊在40～65分。奇怪的是，即使这样，我的期末成绩仍然还是年级中等偏上，对此我猜测原因可能是年级的学霸数量有限，再加上我一点点的小聪明吧。总之，文理分科前，我算得上一个问题学生。

高一下学期的文理分科，是我整个高中生涯的转折点，我选择了文科。第一次考试，我漫不经心的一考，居然年级前十？！这是我高一第一次取得这么好的排名，我一下子感觉到，文科学习好像并不是很难，那么我努努力，是不是不再毫无希望？可能就是那一次考试，对我长久以来的“摆烂式”的学习态度造成了冲击。我第一次在数学课上没有睡觉，认真跟着老师按步骤解题，那一堂课，那一道道三角函数的题，让我彻底在数学学习上开了窍，我豁然开朗，理解了整个初中和高一上学期都搞不懂的数学思维。我对学习突然着迷了。只要是上课，我一定百分百专注。我的一位好友告诉我，一上课我就像换了一个人，眼神明亮专注，气质冷峻严肃，从来没有看见过我在课上做什么与学习无关的事情，而且她真的很好奇为什么我明明经常和她熬夜，但从来没看我课上打过瞌睡。我觉得每一节课都充满魅力，每一个知识点都扣人心弦，丝毫不会让我无聊或分心。那真是很幸福的一段为学习着迷的时光，每一个问题和答案，都能勾起我的兴趣，尤其是数学，我可以连续三个小时算一道大题都不觉得疲惫无聊。但是，我是把课上和课下严格分开的学生，课上我学习、做作业真是认真专注，课下玩得也很投入，不会坐在座位上继续学习，假期也通常是玩到最后才狂补作业。所以，我的班主任在我期末考全区第一的时候是惊讶的，别说她，我也是震惊的。

高二上学期，我达到了自己学习的巅峰状态，也是心理状况最稳定的一个阶段，根本不在乎排名，全凭自己的要求评定考试成绩，完成老师的学习任务也按照自己的要求追求完美。于是那次期末考试，我取得了 651 分的好成绩，其中政治取得了 97 分的惊人成绩，总分超过区第二名 20 多分，在全市也取得了不错的排名。看到成绩的时候我惊呆了，反思总结后，我才意识到，因为我对自己的高要求，我已经把政治教科书和笔记的内容完整地背下来了，所以取得较高成绩是正常的。我自己是出于兴趣去做的这件事，所以我并不觉得辛苦，甚至产生了一种错觉：自己好像没怎么努力，却获得了成功。

高二下学期直到高考，时间好像按了快进键，我进入了学习的瓶颈期，同时我长久的心理问题也在高考压力下爆发了，我开始在意排名了。平常考试，我一定能正常发挥，保持成绩稳定在 630～650 分，排名固定在第一名。但一到大型的诊断性考试，我就会分数缩水，排名跌到前三。“零诊”时我第一次考差，我反思后得到不够努力的结论，于是我下课再也不疯疯癫癫地玩闹了，假期完成作业后就开始刷题，我认为这样努力后“一诊”结果不会再这么难看。实际上，努力是有效的，我平常的成绩更高且更稳定了，但，“一诊”我还是受到了打击。这次我甚至跌出了前三，我崩溃了。现在想来，我当时确实太看重排名了，也太脆弱了。当时的我完全接受不了努力后却“失败”的结局，出成绩那天我一直在哭，下课找老师沟通，我还记得当时我哭着说："明明这么努力了，结果却这么惨，我真不知道自己到底要怎么努力的……"

"一诊"给年轻气盛的我带来的打击确实太大了。在我向班主任发出周日晚上自己在家背书不去学校上课的请求被拒后，我彻底失控了。我穿上校服，拉上行李箱，悄悄揣上储蓄奖学金的银行卡，跟家人说我返校了，其实我离家出走了。由于我没有手机，又是特殊期间，我想跑去外省的想法没有实现。兜兜转转，我回到了小学附近，凌晨三点，坐在关闭的牙医诊所外面的座椅上，就着惨白的灯光，我在寒风下写完文综卷子，又背完哲学知识点，内心是空的。就近找了一家酒店，第二天又回以前的住所，在楼顶上背了历史，阳光照在头顶上，我却像隔着一层壁障，只觉得冷气一张一合从嘴里吐出来。终于在我回到酒店不久，妈妈找到我了。我最后一次哭出来。

"二诊"和"三诊"我都不再记得具体的排名和成绩了，大体是恢复到正常的水平了。直到高考前，老师和我都一直在给自己同样的心理暗示：正常发挥就行了，别想超常发挥。事实上，我确实做到了，最后的高考成绩也是正常水平罢了，考文综时我已经靠感觉估计出来这套题我得分不会很高，按照平常水平是可以高出至少 10 分的。不过幸运的是，我参加了清华大学艺术史论系的招考，上了两周网课后，我成功通过了艺术史论系的招考，专业考试取得全国第二十四名、四川省第二名的成绩，高考成绩出来后，总分变成了全省第一，顺利进入了清华大学。

所以，能进入清华大学，我有实力，也足够幸运。

最后，我还想分享一些关于高中学习的总结和反思。

我认为，支撑我实现从 579 分到 651 分的蜕变，最重要的因素是学习兴趣。从枯燥乏味的学习中挖掘、建立自己的兴趣点，让痛苦的被动接受转变为快乐的主动探索，学习效率会大大提高。我认为我取得出人意料的好成绩，正是因为当时的学习带给我的快乐是纯粹的，我的努力也完全是出于兴趣，"努力而不自觉"是最好的状态。而后面的"努力却失败”，是因为当时我的努力都是为了达到“取得更好成绩和更高排名”的目的。实际上，这种“努力”是让我痛苦的，成效也不尽如人意。所以，一定要保持对学习的兴趣，把痛苦的“努力”变为快乐的自我拓展行为。

我能够蜕变，还有一个很重要的因素是远离诱惑。高一上学期我是有手机瘾的，为了改变，我选择了住校，每周只有周末能使用手机，并且我没有自己的手机。计算机我也有意不去组装它，从源头上摆脱了电子产品对我的诱惑。如果自制力差，那就千万不能抱有“我能克服诱惑”这种想法，最好从客观上消除诱惑。

其次就是心态问题。心态是影响学习的重要因素，一旦产生异常的情绪一定要重视，并且及时跟老师沟通和交流。调整心态是高中生一定要学会的。

身为一个逆袭者，我的经历证明了：起点低并不能决定最后的结果，只要肯改变，什么时候都不算晚。找对方向和方法，结果就会是你所期望的。

把人生变成一场叠加成功的游戏

谭欣然

作者简介：

谭欣然，高考时以专业考试全国第 132 名的成绩，录取清华大学美术学院信息艺术设计系。

“游戏化学习”这个概念近几年越来越风靡，这背后反映了大家的困惑：为什么同样是我，在为了游戏里的“boss”努力的时候，可以彻夜不眠，可以苦练心法，感觉非常快乐、成就感满满，可是当同样的事情发生在学习上的时候，我却打不起精神、满是挫败感，只想逃避呢？

有的观点认为，这是因为游戏善用奖励机制，所以每当我们完成了一个目标，就该买点东西奖励自己。可是我却不认为把“学习”和“物欲”绑在一起是一个终极的解决办法。良性的学习状态应当是为“完成了目标”本身而感到快乐，而不是沉迷外物的奖励。更何况，扪心自问，那些做不出题、坚持不下去、被挫败感包围的痛苦瞬间，如果仅靠对物质的向往，往往是坚持不下来的。

我个人觉得，游戏之所以那么吸引人，其实是因为它精妙的目标设计：它的每一个目标都设计在了“有一定难度，但是伸伸手绝对可以做到”的地方。这种“再来一次一定可以成功”的感觉激励着我们不断地进行下一次尝试，让我们在尝试了两三次尚未感到疲惫的时候就体会到成功的喜悦，之后满怀着喜悦带来的多巴胺和满溢的信心冲往下一个关卡，由于打游戏的体验被我们认知为一个会刺激大脑分泌多巴胺的正向体验，因此不由自主地越来越喜欢它。

游戏在反复为我们创造“叠加成功”的感觉，因此我们爱它。那么我们可不可以运用这种思路把我们的学习和生活也变成这样令人快乐的“叠加成功的游戏”呢？当然是可以的。我至今一直都在运用这个方式进行学习和生活，并且运用这个方式考上了清华、成功减肥、从不擅长任何运动的小胖子到学会了游泳、成为能完成十千米长跑的运动入门爱好者。它可以说是对我帮助最大的一个方法。接下来我给大家介绍一下我运用这个方法的一些具体的小技巧，以及我们在遇到不同的问题时应该如何灵活地去运用它。

首先，最重要的一点当然是设定目标。我认为能够为自己设定恰当的目标就已经成功了一半。

其次，我们要善于对一个大的目标进行拆解，然后找到这个大目标里我们目前经过一定的努力就可以完成的一个小目标。就像在一场游戏里，如果最开始我们连基本操作都没记住就要去面对大“boss”，相信绝大多数人被“boss”打败后就要关机了。但是如果游戏告诉你：我们先去找制造能够打“boss”的武器所需要的石头，想获得这块石头，首先要完成一个简单的小任务。那么，虽然我们的最终目标还是打“boss”，但是这一切是不是听起来轻松多了？

所以，如果你的大“boss”是考上清华，那么我们不妨先把小目标设定在“期末考试最弱的科目提升十分”，或是“名次上升五名”，注意，这里设定的目标一定要具有两个特点："可验收"和"既不会简单到无趣也不会困难到无法完成"。我们的第一个目标最好是在一个月内就可以成功完成的，后续随着我们自信的增加，周期可以适当延长。这样可以规避过重的目标和过长的努力时间带给我们的压力感，可以避免使我们感到无力进而陷入内耗。而亲手拆解目标的过程又让你自己确定：这个小目标的实现确实在帮你有朝一日能走到你的"boss"面前，仗剑与它对决。

小目标设定好之后，我们下一步就是制订计划。比如想要提升英语成绩，我们就应该每天背 100 个单词。如果想要增强体质，我们就需要每天遵循更加健康的作息并且进行适量的锻炼。唯有为目标切实付出了行动，才会真正有收获。在制订计划方面，我有两点建议。

第一，不要制订太难完成的计划。如果你的目标需要每天付出极大的努力、消耗很大的意志力才能完成的，那么你可以重新对目标进行评估。好的计划应当是在状态好的一天可以超额完成，在状态一般的一天可以轻松完成，在状态不好的时候努力一下也是可以完成的。这里我要提醒大家：往往我们开始做计划的时候，都是信心满满的良好状态，千万不要用这时候对自己能完成的最大工作量的评估去制订计划——状态的波动是生活的必然，我们得允许自己在紧张和松弛、兴奋和怠惰之间摆动，毕竟无论是高中时期还是整个人生，都是一场长跑比赛。

第二，我们制订了计划之后，就尽可能不去打破它。相信大家多少都听过"破窗效应"，一扇窗被打破之后，就会立刻出现无数扇被打破的窗，而放弃更是一种容易令人上瘾的习惯。坚持很久的事情，第一次放弃它的时候我们承受的心理压力势必是最大的，而只要放弃过一次，下次放弃就变得理所应当，最后整个计划和目标就都会化为乌有。而如果你一直在放弃自己的计划和目标，潜移默化之间，你就会有一种"我无法完成任何事情，我放弃是自然的"这种自我暗示。这是与"叠加成功"相反的，可怕的"习惯性放弃"的恶性循环。

当然，我们毕竟是在真实的世界里生活，精确到天的计划总会遭遇各种各样的意外，而我们毕竟不是刻板的程序，如果我们就是一不小心无法完成计划了要怎么办呢？我给大家提供一种游戏化的思路，给自己设计一个“补签卡”。游戏里会为了鼓励玩家坚持或者充值而售卖“补签卡”，我们也可以用同样的思路，为自己设计一下补签机制：譬如今天实在没有时间背单词了，那么把今天要背的份额再加上 10 个，之后拆解到本周的其他日子里完成，这样以周为单位，我甚至超额地完成了任务，就像是以最快的速度联系了装修队，用更坚固的材料补好了窗子一样，避免了破窗数量进一步增加。由此引申出来的另一个“tips”：在高中学习阶段，我们可以把任务拆分到日来完成，以日为单位去验收自己的成果。但是进入大学或开始实习和工作后，我们需要同时兼顾更多方面的任务，这时候我们制订的计划往往是以周甚至月和年为最小单位去执行的，这对我们的时间规划会有更大的挑战，因此我建议能比较完美地执行日计划。有余力的同学，可以试着把目标设计的单位时间调整为周，提前培养自己更宏观的时间规划能力。

最后，我们就要谈到计划的验收了。如果一切顺利的话，你会收获一个“按照计划完成了一件事情”的喜悦感。我真的建议每个人都去试一下，哪怕你实现的只是一个极其微小的目标，这种自我驱策下的按照计划获得的成功都会带来与意外之喜极其不一样的喜悦：可以掌握自己一部分命运的喜悦。

但是我也不否认，哪怕你在设计目标时考虑得很周全，并觉得目标很好达成，最终却没有达到。因为只要是可以验收的目标，就存在可能会失败的风险。那么，如果没有成功的话，会不会让我们的自我评价变差，进而再也不想去付出努力了呢？首先，我经历过这种痛苦，所以我得肯定：这确实是非常难受的体验。我最近一次经历这种难受，是我学会游泳之后满怀信心地去考深水证，结果因为紧张和低血糖导致呛水，被救生员捞了上来。那种生理的不适和对自己能力的怀疑叠加在一起，导致我之后想起深水，就会情不自禁地感到紧张，不想再尝试第二次。这就是失败带给我们的感受，这是正常的，不要因此而责怪自己“心理承受能力不好”。我给大家的建议是，失败之后，可以适当地借助外力去理性地分析一下自己失败的原因，可以把自己的计划、目标拿去和老师及相关的专业人士讨论一下，不要害怕“把已经失败的计划拿给老师说”会显得自己不自量力，好的老师一定会认可你的努力并且对你的计划提出好的建议。如果是目标和计划的匹配度有问题，那我们就去调整，就像是游戏里路线跑错了，及时调整方向继续跑就好。如果方向没有问题，你只是像我一样，因为临时的低血糖这样的情况导致的意外失败，那么就尽可能地快速塑造成功的经验去覆盖失败。比如我在考试失败后第二天就再次走进了游泳馆，向我自己证明我其实是学会了游泳的。你也可以寻找相似的试卷或习题重新考试，从而向自己证明：其实这一个月的努力并没有白费，你获得了进步，只是不巧你这次没有展现出来罢了。

我想和大家说：虽然我们的这套“叠加成功”的游戏化学习方法，似乎在措辞上暗示了“成功”是好的，是应当被追求的；“失败”是坏的，是应当被极力避免的。但是，我始终相信“失败是成功之母”，这句众所周知的话是可以反复去品味的真理：一个人能扛得住多大的“失败”，才可能获得相应的“成功”。“叠加成功”和“学习面对失败”是一个齐头并进且互相促进的过程。它鼓励你远离的从来都不是“失败”，而是“什么都不做的随波逐流”。

我衷心地祝愿大家，可以在自己觉得值得追求的任何东西上尝试使用这种方法，并且获得属于你的成功。

第二篇　方　法　篇

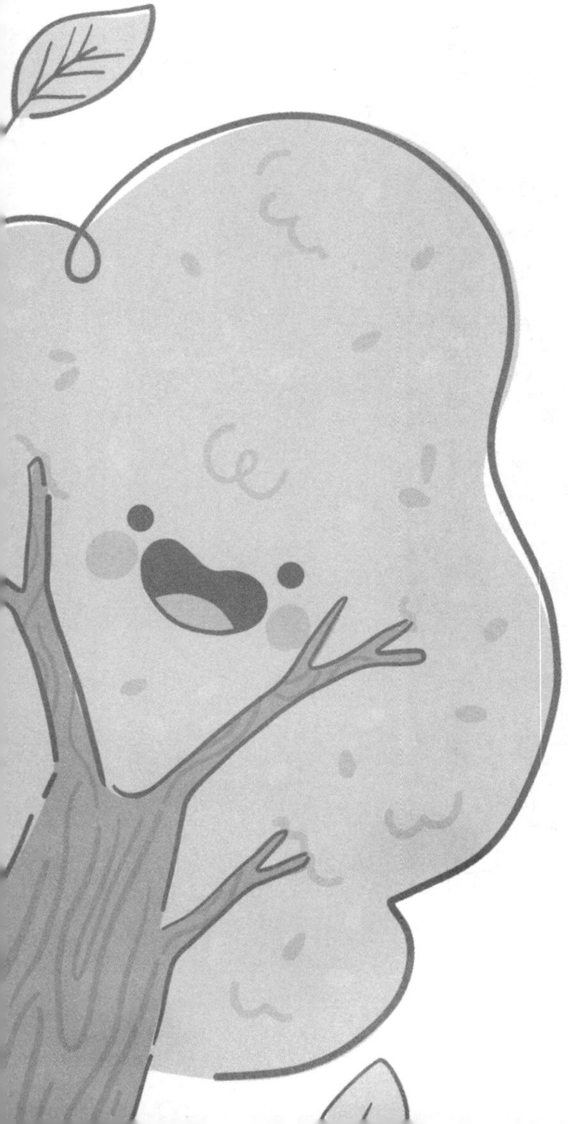

良好的习惯是成功的开始

鲍嘉伟

作者简介：

鲍嘉伟，高考总分694分，其中数学147分、英语139分、语文120分、理综288分，录取清华大学车辆与运载学院。

良好的学习习惯往往是成功的开始。因为，好习惯会让学习取得事半功倍的效果。我分享一下我高中时候的一些学习习惯。

（1）上课要认真听讲。老师讲的内容都是从他多年从教生涯中总结出来的经验，他们比学生们更懂哪些地方是重点。他们讲的内容可能枯燥，但是绝对有用。所以，我觉得我们在上课的时候要紧跟老师的思路，同时把老师讲的重要知识点记下来，使课下的复习能更加有条不紊地进行。

（2）高中三年我都有预习、复习和及时整理错题的习惯。正如常言道："功夫要下在平时。"预习、复习有助于及时消化、吸收书本上的知识，加深其在脑海中的印象。

我觉得做题的重中之重就是整理错题。但是，我们平时的错题太多了，如果每一道错题都记下来，在考试之前根本复习不完。针对这个问题，我平时喜欢选择性地去记错题。我们可以把平时易错的点记下来，做特别标注，并经常复习；而那些已经掌握、绝不会再犯的错误和因粗心而犯的错误就大可不必反复看了。

（3）不能为了学习而牺牲睡眠。有些同学可能对学习佼佼者有些误解，以为学习佼佼者都是晚上学习到一两点、早上五六点钟就起来学习的狂人——我自己一度也这么认为。但实际上，我身边学习好的同学晚上大都不到12点就睡了，即使再忙也要保证充足的睡眠。我亲身实践发现：如果熬夜学习的话，第二天就容易犯困，影响第二天的学习效率。有一位往届的状元总结得非常到位："睡不好觉就一定学不好。"这句话我一直铭记在心，并且之后一直保持着这样的习惯。

（4）有问题及时问，但不能问得过于频繁。我们平时学习都会遇到一些问题，自己绞尽脑汁都想不出来。这个时候，如果请教老师或者其他同学，他们的指点常常会让我们有一种茅塞顿开的感觉。但是，请教归请教，不能一遇到难题就去问别人。我曾经遇到过一些同学，他们平时看上去也很努力，天天没事就去问别人题目，最后成绩却总是不尽如人意。这就是缺乏独立思考、一味依赖别人的结果。我平时只有遇到实在拿不准的题目才会去问别人，一般的题目看答案自己理解即可。

（5）多多了解课外知识，不能死读书。如果高考想考高分，只学习课内知识是不够的正如语文老师经常强调的："要注重平时积累。"不仅是语文，其他学科也是如此。语文、英语这两科，想必大家也都知道，多了解课外知识能给自己的作文增色。理化生三科，多了解课外知识有时候也会有意想不到的效果。拿我自己高考来说，2021 年高考物理有一道题是要算银河中心黑洞的质量，如果从头计算的话，这道题并不简单。然而我对天文比较感兴趣，所以看到这道题就直接选出了正确答案，节省了不少时间。

（6）每天、每个时间段都要制订出相应的计划并一丝不苟地执行。许多同学可能都面临着一个问题，就是对学习总是提不起兴趣，每当要学习的时候就打不起精神来。俗话说"假期的最后一天是学习效率最高的时候"。这是为什么呢？当然是因为明天就要交作业啦！大家不可能不紧张。那么，我们为什么不可以把这种紧张延伸到平时的学习中呢？所以，我喜欢在每天、每个时间段都制订相应的计划。这样，我就能保证在每天都有假期最后一天的紧迫感，学习效率自然就大大提高了。

（7）坚持适合自己的学习方法，切忌将别人的方法生搬硬套。在高中阶段，尤其是高三，不管学生还是家长都普遍有一种莫名的焦虑。有时候明明考得不错，却总是以为自己在退步。因此，有许多同学就会向考得不错的同学或学长"取经"——他们怎么复习，我也怎么复习；他们一天刷多少题，我也一天刷多少题。至于家长，在严重的成绩焦虑下，让孩子上各种各样的补习班，看各种各样的"笔记""学习法"。殊不知，每个人有每个人的学习方法，一味地照搬照抄别人的学习方法，绝对是有百害而无一利的。上高中时，我们班有一个同学，他平时从不刷题，只靠上课听课和课下复习，还总是考年级第一。然而我们大多数人都是普通人，怎么可能像他一样随堂记忆。所以，只有适合自己的学习方法才是好方法。至于如何找出适合自己的学习方法，就要靠我们自己去摸索、去实践了。

（8）不到最后一刻，绝不放弃！这里分享一下我高考前的一些经历。高考前大约 70 天，正是复习非常紧张的时候，我患上了过敏性鼻炎，要么是每天不停地流眼泪，要么是每天流鼻血，最严重的时候一天甚至要流四次鼻血。因此，我的成绩也受到了很大影响，年级名次一度从原来的前几名下降到了 100 名。在临近高考的时候出了这种事，对我心态的影响可想而知。那段时间，我几乎茶饭不思，一个劲地在网上搜索过敏性鼻炎的治疗方法，各种药也都吃了，但根本没什么用。我的父母看见我这样子，也十分着急。为了寻求解决办法，他们甚至数次跑去学校找老师谈话。最后，在距离高考不到一个月的时候，我的病情终于好转了。然而，缺了那么长时间课的我，已经不可能跟得上老师的进度了。在最后的一个月里，我非常绝望，总是觉得前途渺茫，整天想着要去复读。在父母的反复劝说下，我才勉强同意好好利用剩下的时间，能复习多少是多少。可以说，我是还没复习好就被推上高考考场的。当分数下来的时候，我完全没有想到，我在这种情况下还能考出这么高的分！不仅是我，许多同学也都发挥得很好。通过这个例子，我只是想告诉大家，不到最后一刻，绝不要放弃！

以上就是我作为一个学长对学弟学妹们分享的一些经验，希望能对大家有帮助。最后，祝愿大家都能考上心仪的大学！

我的学习经验分享

陈美晨

作者简介：

陈美晨，高考总分 676 分，其中语文 117 分、数学 126 分、英语 142 分、物理 97 分、技术 97 分、地理 97 分，获得清华大学降低 30 分录取资格，录取清华大学社会科学实验班。

大家好，我叫陈美晨。作为一个老学姐，我还是有很多经验想分享给大家的，我想重点跟大家分享一下我初、高中的单科学习经验。

一、语文

语文特别注重积累。我想高考前夕大家的积累本上应该都记了很多知识点，但关键是怎么把这些知识点记住。我建议大家每天给自己制订一个计划，比如要读书多少页、在多少天内读完。在读书的过程中，划出那些你觉得自己很容易遗忘的知识点，等第一遍读完之后开始第二遍，第二遍只读那些你之前划出来的。最后再整理出你记不清的，等到考前一两天的时候再去读。这样可以节省时间，因为考前的时间已经不多了。对于古诗词默写，你可以专门在一个本子上记下你出过错的句子，然后采用相同的办法记忆。语文考试，卷子前面有一些客观选择题，你可以每天做一套这类题型，在做题的过程中自己总结一些规律。比如说，我会专门弄一个本子收集平时练习中遇到的陌生的文言文实词和虚词，然后再去查一下《古汉语字典》，顺便记下这个词其他的常见意思。至于作文，大家可以每天准备一个专题的素材本。重点打磨第一段和最后一段怎么写，可以研究一下往年高考满分作文的第一段和最后一段是怎么写的。

二、数学

数学，我建议每本教材都买一本配套的参考书，可以用来预习和复习。比较好用的是和教材完全同步的，并在教材知识点基础上还有很多拓展、知识点非常详细的那一类参考书。如果想要再拔高，可以买分单元分专题的参考书。如果平时上课感觉有没搞清楚的地方，就可以先弄清楚概念，然后再在分单元分专题的参考书中练习对应的习题。很多同学都会因为计算错误失分，我这里也提供一下我的方法。比如说选择题，如果在考试中你需要用 30 分钟完成所有选择题，那么平时你就给自己 50 分钟时间做一套选择题。力求在这 50 分钟内把题目的每一个字每一个细节都看清，这样能磨炼你的耐心和细心，你也会发现一些平时容易忽视的东西。

我想重点谈一下大考前一周，数学的复习策略。在一周的时间里，像数学这种需要理解、需要大量做题的理科科目很难得到一个质的进步。所以在这么短的时间内，我建议大家做一个知识点的扫盲。其实初、高中数学整个知识体系还是很庞杂的，有很多细碎的注意点。所以我建议大家从头到尾看一遍数学教材，做一下每个知识点后面的例题。力求搞懂每一个知识点，每一道例题。我相信你们肯定会发现一些从来没有注意到的东西。其实，看教材不仅可以帮助我们深入思考知识点，对增加我们的考试信心也非常有用。看教材可以增加你考试时的底气，你会觉得每个知识点你都牢牢掌握了，没什么好怕的。

除了看教材，大考前一周，我建议大家每天做一套试卷保持手感。做试卷的过程中，你肯定能发现哪个模块的题总错，比如说绝对值问题，那你就可以找这种专题的习题，专门做绝对值的题。

三、物理

物理和数学的方法大体类似。我想强调一下做物理错题的重要性。物理的一些题目很长，我们可以把它剪下来贴在错题本上。错题本不仅要记录正确的做法，还要记一下思路、做错的原因，以便以后提醒自己。物理的压轴题比较难，如果想提高，可以找那种专门收录压轴题的参考书。

四、英语

我当了三年的英语课代表，英语单科成绩经常排年级第一，高考时考了 142 分，所以比较有自己的体会，这里着重分享一下我的英语学习经验。

英语虽然是文科，但是也需要大量的练习。在高考前，我每天坚持做一套完整的英语卷子，并且每天写一篇作文，而且每次我都写得很认真，尽量写字又快又好看。因为我知道有些同学可能速度快了字就不那么好看了，特别是在中高考过程中，很容易紧张，手会抖，这样字就写得更不好看了。所以在考前要注意练字，争取写得又快又好。为了写好英语作文，在中高考前夕我们往往会收集很多很高级的句子或者句型。比如应用文里就有很多的套路句。我们会发现很多高级的句子都是同一个意思，如果都记的话，负荷量太大。但是高考不只有英语作文，也不只有英语。所以我建议你们在考前一周的时间可以准备一些套路话，每一个意思只准备一句话，查找积累本，把所有记得住的、好用的词罗列出来，结合各种高级的句型，保证这句话运用了好的词汇、好的语法、好的句型，总之要让这句话无敌。最后，考前的一点时间，就背你之前准备过的这些无敌的话。

关于英语单词。

前期课本单词一定要背熟，而且要经常复习。单词表里的单词，每一个意思都要熟，往往完形填空要考的就是单词表中你不熟的那种含义。当时，我把课本词汇背到滚瓜烂熟之后，就开始背自己买的词汇书上的单词。我背了三遍：第一遍，背词组，读例句，背的过程中划出自己觉得重要的内容。第二遍，背单词加它的词组（不读例句了，因为没有时间）。第三遍，就读我之前划出来的自己觉得比较重要的内容。此外，我认为背单词快背、多遍背的效果会更好。

再谈谈英语早晚读。

很多人说不知道“早晚读”应该读些什么，但我每次早晚读都感觉时间不够用。高一、高二的时候我们基本在上新课，我在早晚读的时候会背课本单词（我背的不是纯单词表，是那种小本的单词本，有一些单词的拓展），熟读课文，背课文中精彩的句子，复习昨日的笔记和错题。高三的早晚读，我就复习从前的课堂笔记（比如每次制订一个早读背 10 页的计划），背单词，背作文范文，复习错题，等等。

再谈英语错题。

英语虽然是文科，但也可以做错题。我第二天都会看前一天的错题，总结自己的错误，然后摘抄相应的知识点，我把我犯过的错误都写在一个小本子上，高考前最后那十分钟拿来看。我觉得这一招可以有效减少前面客观题扣分。我还有英语错题本，专门用来收集语法填空的错题。有的时候我会在本子上抄一下我之前不太理解的长难句，经常拿出来翻看，加深语感。

英语学习要重积累。

要积累的素材其实就在我们平时做的试卷里。老师讲试卷的时候，如果我发现阅读理解和续写材料里有一些好词，就把它圈一圈，下课的时候查字典，抄它的例句。为了方便查，我的积累本是按字典那样检索的，根据单词首字母来排版。这样，我若是对某个想用的单词有一点点印象，就可以很快查到。积累切忌贪多，第一次记的时候可以稍微记得多一点，但是准备要放到作文里的要选其精华，把这些精华背下来就可以了。不用去记那些很“偏门”的素材，记了也想不起来，背了也用不上。

谈一谈英语作文。

我个人认为句型比高级词更重要，贴切的词比高级词更重要。我认为动词很重要，因为动词是这个句子的核心，可以非常生动形象，但是词的本身又可以很简单。比如说高中英语选修八课文中有一个动词“scoop”，本义是勺子，此处译为“像汤勺一样把一个人从地上抱起来”。这个词本身很简单，但是它特别贴切，给你画面感，这样写才不至于枯燥。

五、地理

很多人说地理是文科中的理科，是不用背的。但我觉得地理要背的东西很多。首先我们一定要对地理教材非常熟悉，然后就是利用好很多人经常忽视的——地理图册。有时间的话，尽量把地理图册从头到尾看一遍。除此之外，非常重要的是积累地理题目。我会专门找一个本子记录一些经典或是比较新颖的地理题目，然后再去背。所以我觉得地理背的东西是非常多的。再有就是关于答疑。因为高考前会大量做题，所以大家肯定会有一定量的错题。在高考前一周，我建议你们不要错一题就去问，可以把题目收集起来，在某一个时间集中去问老师。我建议问老师而不是问同学，是因为问老师的效率更高，而且老师更清楚这道题目背后的考点，也更知道怎么把这个题目解释清楚。

我想说，学习方法要根据自己的情况不断摸索，但通法就是努力努力再努力。希望各位学子都能够通过自己的努力，取得理想的成绩！现在你们身上都还有无限的可能，希望你们能珍惜这宝贵的中学时光，发挥出自己的最大潜能，加油吧！

一些独家秘方

甘乔尹

作者简介：

甘乔尹，高考总分 688 分，其中语文 128 分、数学 142 分、英语 142 分、理综 276 分，获得清华大学降低 10 分录取资格，录取清华大学计算机系。

一、关于课内知识的一些独家秘方

1. 数学

我是一个比较喜欢刷题的人。我高中的数学学习以做题为主，有时候，我一天会做两三套模拟卷子。但是，我建议：如果你也一样爱好刷题，千万不要忘记纠错这一重要的环节。我认为刷题和纠错同等重要。要是实在没有时间，我建议少刷一点题，多进行纠错，纠错本上的题目要反复做，反复练习。记得高三一年，我纠错了大概 600～700 道题。每次考前，我都会对错题进行消化总结，标记出自己已经不会再犯的错误或者已经熟练掌握的题目。每次考试之前的复习时间对我来说就是消化错题的一个最佳时间。在高考前，我的错题本上对我有价值的题只有6道题和几个小技巧，这样，我的复习效率大大提高了。

其次就是选题问题，要做到基础题和难题有机结合。我读高三的时候，有同学买过压轴题合集，我认为做这类题是无效的。因为一直做压轴题，这种高难度高强度的练习会让你的一些思维适应不了简单题的节奏，同时还会挫败自信心，当然，要是能克制住，最好一天做一道……以上仅是个人意见，方法适合自己的才好。

2. 物理

物理实验题，一定要多背！回归课本、参考书，把一些结论和公式都记下来，同时也可以适当做些题巩固一下。物理大题两种题型，各种拓展，我相信在高三后期大家各种题都见过，丢分多是因为审题、没考虑全面。物理的选择题拼技巧，至少对于我来说是这样的。一些多选题看题干、看选项就可以知道答案。在我的认知范围内，一套理综卷子中，物理选择题需要算的最多就两道，而且算的时候也可以投机，这些自己摸索比较好，这里不再赘述。

二、关于竞赛

我在高中阶段有参加全国高中数学联赛并获奖的经历。虽然竞赛并不是高考的主流道路，但我仍然建议：对数学有浓厚兴趣、对课内知识学有余力、初中阶段参加过数学竞赛并体现出一定优势的同学要保留这一项。除了竞赛在升学方面有更多的考试机会、优惠政策这些显性优势，参加竞赛对于个人能力的提升也有很大帮助，是对自学、理解、规划能力全方位的锻炼。竞赛学习与文化课学习也并不对立，特别是化学、生物等相较于数学竞赛更好上手的竞赛，可以作为对课内知识的补充。接触过竞赛课程的同学面对高考知识会更加游刃有余。

在数学、物理、化学、生物、信息五大学科竞赛中，数学竞赛是升学体系内认可度最高的，入门相对难，但没有实验操作环节，发挥相对稳定，备赛也比较成体系。数学竞赛考试内容涉及平面几何、代数、数论、组合四大模块，具体的参考书目由于时效问题与个人阅读喜好差异，在此不作推荐。

平面几何在高考与强基选拔考试中都不是重点，但在竞赛中必须拿下。不等式、组合与数论三个板块的学习都对平常各类考试有益。不等式中的“柯西”“琴生”和一些经典结论、证明不等式的调整法与积分图像法等技巧，对解决数列与导数难题都有出其不意的效果。组合部分的题与课内的排列组合也是一脉相承的，做过竞赛的组合题再做课内的题自然小菜一碟。数论难度最大，学数论对“数列”会略有帮助，可以自己学学特征根方程等实用技巧，高考虽然不会出，但在领军博雅之类的考试中也许有用武之地，分数总是多多益善。

备赛时攻克难度跨度大的题目主要有老生常谈的两个思路，一方面要增加知识储备，提前学习高数内容；另一方面就是多多总结思路活络的题目，开阔积累，找到共性。备赛还要注意心态管理，低年级时可能是尝试心态，而在高年级考试实力刚到达瓶颈，此前已经投入大量时间和精力，过往成本在升学压力的催化下可能会导致心态不稳。避免心态失衡的最好办法是反复训练、及早适应，认真对待每一次考试，多总结反思成败经验。

三、关于高考前最后的两个月

两轮复习后到高考前的一段时间，可能还存在一些没把握的部分需要返工，不断“小测”的过程中也会出现此前没发现的遗漏知识点或很灵活的新题，这个时候一定注意尽力保持合理作息和平稳心态，查漏补缺、稳扎稳打、模拟考试环境，保持平和甚至最好是对外界有一些钝感的状态为佳。有几点比较实用的建议如下。

第一，充分利用零碎时间进行总结提升。要有“时间已经被充分利用”的踏实感受，哪怕是心理安慰也好，避免备考后期出现焦虑自责的情绪；尽量保持思考、不盲目做题、注意错题整理与反馈环节，比起抓不住新题，丢掉能拿到的得分点才更令人痛心。

第二，保证高质量休息，能睡则睡。尽量以良好的精神状态应对每一堂课与每一场考试，不过每一场考试都要让自己有紧张感。

第三，通过自身状态灵活调整时间安排。不要因为偶尔没有完成当日的计划而神经紧张、苛待身体，如果连续出现无法按计划落实的情况，要反思计划是否不合理。

第四，注意营养，合理饮食。保持适度饿感有助于思考，但不要三餐紊乱也不要仗着年轻对胃胡作非为。高三时期压力大，长期神经紧张容易引发胃痛。我高中时经常喝冰咖啡，前两年没有明显反应，高三一紧张就胃痛，痛到不能上晚自习、趴在床上看作文素材一个字都看不进去。浓茶和冰饮之类的提神饮品请适量，提神五分钟，胃痛两小时，得不偿失。

第五，学不下去的时候可以短暂休息，但如果休息时间过于频繁或过长，就会变成自暴自弃。可以尝试一个场景练习，设想一下：一年后的自己，在不理想的地方读不喜欢的专业，焦头烂额地应付期末考试，沮丧倦怠之中闭上眼，希望一切可以重新来过，“上天再给我一次机会吧，我一定好好珍惜”。这样想着，深呼吸，再次睁开眼，摊开纸笔，现在就是机会。

我是如何拿下生物竞赛一等奖的

贾天航

作者简介：
贾天航，高考总分681分，其中语文123分、数学132分、英语144分、理综282分，获得清华降低20分录取资格，录取清华大学车辆工程系。

在高中理科的六个科目之中，我最喜欢的就是生物。我的生物单科成绩经常排在学年第一。出于对生物的热爱，我也参加了全国中学生生物学奥林匹克竞赛，获得了省级一等奖。下面我来分享一下生物学科学习方法。

想要学好生物，首先要学会细化分类。

生物这个学科跟物理、数学不太一样，不属于逻辑性特别强的理科，需要辅以一定的记忆和理解。生物学的知识庞大而又零散，这就对我们获取知识、进行知识分类及构建知识框架的能力提出了更高的要求。以人教版为例，必修阶段有三本教材，分别为《细胞与生命》《遗传与进化》《稳态与环境》。这三本教材的名字为我们进行知识整合提供了一个大致的思路，如果从生物竞赛的角度来看，我们可以对这些知识进行细化分类，从而达到更好的记忆效果。

更高层次的生物学知识可以把生物学分为细胞生物学、生物化学、遗传学、生理学、行为学等等，高中学习中涉及不到的暂时不予以讨论。

看到这里可能有人会发出疑问：这样细化起来不是更加繁杂了吗？真的会帮助我更好地学习生物吗？诚然，进行更加细化的分类需要更大的工作量，但是这种分类的过程本身就是学习的过程。在分类的过程中，我们能够直观地感受到这些不同二级学科之间的差异与联系，从而做到触类旁通，学习生物就会更加得心应手。

下面我举几个例子，让大家感受一下应该如何细化分类。

细胞生物学，显而易见，包含必修一中的细胞部分，还包含必修二中的细胞分裂相关内容。将这些知识放在一起，有利于更好地理解细胞的运作规律，从而构建起一个完整的细胞模型，直观准确，增加做题效率。

生物化学，包含一切分子层面的知识，如小型化合物（如氨基酸、ATP 等）、大型化合物（蛋白质、核酸等）。同时它也包括细胞中进行的一切物理和化学反应。了解物质，学习反应，这种学习的逻辑性与联系性是非常强的。

细化出的每个二级学科自身都有一套强逻辑，学习起来并不困难。然而只会细化还不够，我们接下来需要做的是建立知识的迁移联系过程。

在做到了细化分类并且已经熟练掌握了各个分类的内容之后，我们需要做的就是把各个看起来相互独立的分类联系起来，从而做到举一反三，更好地应付一些复合题型。

这些看起来联系不多的学科，彼此之间真的“老死不相往来”吗？答案当然是否定的，它们很熟，偶尔还会“串门”。其中关系最亲近的就是细胞生物学和生物化学了。在考试中，出题人往往会把这两位放在一起。如何理解它们之间的联系呢？细胞的一切活动都离不开能量的转化，而能量的转化就涉及呼吸作用及其他的反应，这些反应也都离不开生物化学的知识，二者紧密联系在一起。类似的还有遗传学和生物化学、行为学和遗传学等等，掌握了它们之间的联系，我们就可以构建生物学的整体知识框架了，这对我们的学习很有帮助。

在联系了各个独立的细化分类之后，知识层面的准备工作就做得差不多啦，接下来我们要做的就是高中生怎么也逃不开的事情——刷题。

要注意的是，我说的“刷题”和大部分人认知当中的“刷题”是不一样的。大部分人刷题，就是盲目地、重复地刷大量的题，而我说的刷题是系统的、有目的的刷题。

什么是系统的刷题，市面上的很多练习册已经给了我们答案。以我的经验和认知来说，刷试卷永远比刷小题进步更快。当你已经熟练掌握了基本的知识之后，刷试卷习题不失为一种明智的选择。在刷试卷的过程中，你不仅可以对自己脑海中的知识进行查漏补缺，也可以熟知相关题型的出题方法及考点考纲，逐渐形成属于自己的应试技巧。

什么是有目的的刷题呢？其实也是与刷试卷有关。在刷试卷的过程中，你难免会遇到自己的知识漏洞或者马虎大意做错的题，这时候，错题的整理和二刷就很有必要。在这里我给大家分享一个错题本的整理技巧：把错题整理在一起，不要写出答案，在积累一定数量之后，挑出几道错题结合成一套试卷，以刷试卷的方法再次刷错题，这样就能事半功倍。如果很不幸，第二次做错了一道题，那就要仔细剖析相关的所有知识点，我们可以错一次、错两次，但是我们绝对不接受错三次。这种有目的、纠错性的刷题，会让我们进步神速，巩固强化我们记住的知识，也可以逐渐提升我们的应试信心。

在完成了知识的储备之后，我们还要做的，就是把知识和生活联系在一起。

其实，在完成前两点之后，你的生物就已经可以取得一个很好的成绩了。而这第三点，不仅会对高考有益，也对我们未来的学习和人生有益。将生物学知识和生活相结合，听起来很高大上，其实不然。生物学的知识贯穿于生活中，从春天的第一朵花绽放，到秋天的第一片叶落下；从美美地睡上一觉神清气爽，到剧烈运动之后的大汗淋漓，这些都是我们生活中常见的生物现象。我们要做的不是像生物学家一样用专业的眼光去研究这些现象，而是在我们看到一些有趣的现象时，能够自己在心里想一下或者与身边人讨论一下，这种现象背后的本质是什么。养成这样的习惯，不仅会让我们的生物成绩进一步提高，也会让我们爱上思考、习惯思考，进而逐渐培养我们终身学习的能力，这对我们的大学学习及人生目标的实现也是十分有利的。

学习方法是很主观的，我所说的只是分享，而不是灌输。如果大家在看了我的生物学习方法之后能够有所启发，从而形成自己的学习方法，那么我很乐意抛砖引玉。能够帮到你们是我的荣幸。

加油吧！学弟学妹们，清华园的四季都很美，期待与你们在这里相遇。

高考文、数：从高一到高三

——一篇小小的札记，写给夜灯下的学子

梁济舟

作者简介：

梁济舟，文科，高考总分 688 分，其中语文 141 分、数学 147 分、外语 144 分、文科综合 256 分，录取清华大学经济管理学院。

数学是很多人迈不过去的一个坎。它既是一门需要积累硬知识的学科，也是一门需要数理想象力和创造力的学科。而这两样，对于文科生来说，往往都不是自己兵器库里的常备“弹药”。尤其是初中数学基础不好的同学，通常会在高中后期感到数学学习非常吃力。这其实和高中三年数学学习的长线规划及具体的学习、做题、考试方法有着密切的联系。

如果提前做好了长期规划，再辅以适当的学习技巧。

本文是我根据自己数学学习经历和感想，为高中文科同学撰写的数学学习指南。目的是帮助同学们从宏观上把握数学学习的脉络和方向，更好地规划高考文科数学学习过程，并从微观上对试卷、知识点和题型进行剖析，使同学们对“敌情”知根知底。

我认为，对一个顶尖文科学生来说，数学应当是高考中的拿分项。或者说，在考数学的时候应当感到放松，做卷子时非常流畅，最终成绩达到 140 分以上。我希望读者能够通过努力达到这个水准。

高中文科数学的知识点是极其有限的，题型也并不多样，这和文科科目不一样。终其三年，几乎没有人能够刷完所有文综和语文的题型，且高考时这些科目总会出现创新题型、新的材料和知识。但数学永远是我们忠诚的朋友，但凡花费时间，花费精力，就会给我们非常直接的回馈。

高中文科数学重要的大块知识点，有函数、三角、数列、解析几何、立体几何、导数、统计与概率，还有集合、不等式、向量、虚数、极坐标参数方程、推理证明等小块知识点，高考知识点考查得不多，可以归入大块知识之中。比如集合是函数学习的基础，极坐标参数方程又和解析几何紧密相关等等。其中，绝大多数内容都是解题的“工具”。比如三角、向量、不等式、导数、极坐标参数方程，基本上都是解决最后两道大题的工具。而函数和解析几何，才是题目的基础。高中数学的学习与考查，就是建构在函数和解析几何的基础上，调用各种“工具”来解决实际问题的过程。

一般的学习顺序是，从集合函数入手，高一上学期学完函数和三角。下学期学习数列、不等式和解析几何。高二上学期学习立体几何和一些零散知识，如虚数、推理证明、统计与概率等。下学期学习导数。高三进行专项训练和突破。要注意，进入高三之后，新知识的学习就基本停止了，主要在做题过程中巩固记忆、练习知识运用和学习新的方法。所以前期打好基础是非常重要的。

下面分时间段和知识内容来谈文科数学学习。

文科数学学习的最大陷阱就在高一。刚进入高中，有些同学不免有新奇之感，一半心思没有用在学习上。加之开始接触的要么就是从未接触过的全新知识，要么就是复杂且技巧性强的题目。两相作用下，有些高一的同学会直接放弃数学。这种心态是万万不可取的。高一的函数内容是高中数学的基础，如果缺乏函数模块的基本知识和变形思维，后期解析几何和导数的学习会非常吃力。

在函数和三角的初始学习阶段，首先要理解，函数是什么，x、y 和图像之间有什么关系，并且体会分类讨论原则的应用场景；要明白三角函数是什么样的函数，要明白它和几何图形、函数图像有什么样的关系。其次是记忆。记忆不仅包括硬知识点的记背（比如三角部分多如牛毛的公式、函数部分的各种函数图像和特殊点的意义），更包括做题方法的记忆（比如三角部分齐次式的化简技巧、函数部分恒等变形的技巧）。只有记住了知识，才有做题的基本能力；只有记住了方法，才有做出答案的可能。后续的数列部分也是相似的。

高一下学期进入解析几何的学习，同学们通常面临高中数学的第一大难关。解析几何这 12 分的一道大题，将会成为持续困扰同学们两年的梦魇。但学习解析几何最重要的是迎难而上。唯一的方法是顺其自然，直译条件。椭圆、双曲线、抛物线基础知识，三种定义焦点准线的学习自然不必说，这之后的题目解答都是套路化的。直曲联立、韦达公式、化简/变形目标式，最后利用不等式、三角、函数导数等工具求值。这是非常复杂的过程，对高一同学来说，尤为如此。但切不可迎难而退，否则只有失败。

高一结束，实际上高考的重点知识都已经被大家学会了。到了高二，立体几何和各类杂散知识都并不困难，只要上课留心记忆，课下按要求练习，都可以掌握。

只有高二下学期的导数是与解析几何并列的另一难点。学导数，首先要掌握定义。它的逻辑是比较抽象和回环的，实际上属于高等数学的范畴。这种定义通过记背是很难真正理解的，应当就具体应用情景来巩固记忆。

不过，无论导数还是解析几何，在一轮复习之前都只是浅尝辄止。一轮开始之前的任务，是解决边缘知识和基础知识，攻克选择前十题、填空前三题和大题“3+1”。一轮之后，要集中对解析几何、导数进行攻坚。这种攻坚具体体现在每天要做三四道解析几何、导数题，甚至最早期可以直接通过抄写答案来熟悉题目的解答过程——当然是在了解定义、方法和思路后，一边研究一边抄写，并不是毫不思考地去抄写。

进入高三之后，你会感觉到题目难度一天一天下降。在集中对解析几何、导数训练半学期至一学期后，高三上半学期的任务就会转化成选填练习，达到一天一套或两套的进度。因为选填题目是最易失分的题目。一个数字或字母 5 分的性价比过高。为了给后面大题留出充足的时间，尤其是给导数和解析几何留时间，选填题目的做题时间应当压缩到 40 分钟（至少是 45 分钟之内）。在半学期中，做选填题的速度和准确性会成为训练的核心。

高三下半学期，就是整卷和选填题目的交叉练习。通过不断做题提升手感，将分数稳定在 145 分以上。此时重心会放在文综和语文上，但数学做题一定不能落下。熟练度是高考过程中的核心。最终走上高考考场时，面对文科数学卷子，心情应当是轻松愉悦、充满信心的。

“顽强拼搏，不做懦夫。顺其自然，直译条件。精神细算，刻意认真。题读三遍，回头望。”这是我高中数学老师的箴言。望同学们矢志笃行，砥砺奋进。最后附我数学老师常用以“贬低”我的一首小诗，为诸君作一警示。

“本是后山人，偶做前堂客。醉舞经阁半卷书，坐井说天阔。

大志戏功名，海斗量福祸。论到囊中羞涩时，怒指乾坤错。”

我的文科学习心得

刘雨阳

作者简介：

刘雨阳，高考总分 637 分，其中语文 118 分、数学 124 分、英语 133 分、历史 79 分、地理 93 分、生物 90 分，通过清华大学艺术史论文化综合素养测试，录取清华大学艺术史论系。

我就读的高中其实是一个很小的学校，每年能考上 985 院校的最多也不过 30 个人。刚进入高中的时候，我的成绩并没有特别好。年级排名在 5～10 名浮动，最好的成绩也就是第 5 名，最差考过 27 名，两门甚至有过不及格。我的成绩距离清华其实很遥远。我最终能考上清华，有几点体会。

第一，学习要静心。高一上学期结束的时候，我的成绩刚好是第 10 名。高一下学期，我有一次抱怨学校的食堂很难吃，父亲就每天起早给我做饭、打包好，这样就不用去食堂。每天拎着食盒都很歉疚，我觉得我可以做得更好。中午我不用去食堂，就坐在座位上边看书边吃饭，教室没有人，心很静。我们是走读制，回家我也不看手机和平板，写写作业就睡了。每天中午吃饭的时间我也没有做什么作业，只记课本或者教辅上的知识点，每天如此。久而久之，那些东西就记得很熟了，用起来也很快。过了一段时间，我拒绝了父亲每天给我带饭，自己去食堂吃，但是中午记点什么的习惯已经形成了。静下心来看书会发现那些知识其实很有意思。天体运行，细胞分裂，朝代更迭，每一学科都有其奥妙。高一下学期期末的全市联考，我考到了全市第 16 名。分科以后，我的成绩也保持着，高二时我考了全市第 8 名，高三进步到了全市第 3 名。从我自己的经历来看，学习首先要静心，静下心来才能好好琢磨每一个知识点、每一道题。

第二，努力。这有些老生常谈的意思。高三时，一个偶然的机会，我了解到清华的艺术史论综合素养考试，当时就决定要备考。我同时要准备高考和艺术素养考试，上课的间隙要自学艺术史。我对艺术很感兴趣，对商科、社科之类的兴趣都不大，所以当时很想抓住这个机会。机会永远留给有准备的人，这句话很对。我们不知道机会什么时候会来，所以在此之前，要投入地去做每一件事，才有抓住机会的可能性。那段时间，我的精力集中在艺术史上，扎实的文化课基础，让我有底气在艺术史备考上花更多时间，静下心来，百分百地投入。

下面说说我高中时几个学科的学习心得。

一、语文

全国卷作文不太强调创意性，更注重弘扬主旋律，写作上有一定的模板，可以在往年的优秀作文中总结一些。一般采用“总分总”结构，后面联系当下形势升华一下。比如 2017 年全国卷作文：写一篇关于热爱劳动的演讲稿，就可以采用这种形式。采取这种形式的作文的优点是结构特别清晰，一目了然。总结模板就是把优秀作文抽象化，总结出它的逻辑关系，比如是“总分总”，还是先驳论后立论。看懂行文结构，就能举一反三。我认为作文首先要写出新意，比如以“穷”为题目，一般能想到穷的负面影响而忽视了积极影响，如穷则思变。如果做不到写出新意就要写得好、写得连贯。想写得好就要广泛地收集作文素材、名人名言，同时注意时事评论。运用素材也要注重经典素材和小众素材的穿插。只用小众素材说服力不足。全国卷作文比较重视社会主义核心价值观，平时可以多收集关于此类的素材，保证每次都能写出一篇好文章。另外，可以在闲暇时间看看关于国际局势的讲座，对拓宽写作思路会有很大帮助，让人眼界更开阔。作文的书写也很重要，如果没办法做到写得美观，也一定要写得干净，比画写清楚，写了就尽量不要改。作文题目也很重要，一个新颖的标题可以增加很多印象分，然后就是开头和结尾，开头结尾要注意呼应，简洁而有力，最好可以引用一些名言，能提高文章档次。还要保持语感，晚上睡前可以看几分钟的小说或者散文，放松一下，一直只关注应试考试其实容易不在状态。古诗词和文言文背诵要特别注意：学会不看备注来翻译，理解每个字的意思才能背得快。默写的错字要在书上做批注，把错字圈出，并把错误写法写在旁边，这样每次复习都能看见以前的错误。我总结的默写错误的原因有以下几点。

一是不理解意思，常会想当然。

二是没记住通假字。这类要重点反复记忆，形成条件反射。

三是笔误。这类问题怎么克服呢？每次看到多提醒自己就行。

另外，还有一篇文章中出现的同音不同字的情况。比如《师说》中的“授”和“受”，《劝学》中的“至”和“致”。

书上有的文言常识都多记几遍，很多考点都来自注释。文言翻译题不会翻译的字要特别记下来，特殊句式也要记。文言文翻译的特点就是每个字都有含义，有很多古今异义的情况，比如“可以”。得分点一般是关键的字和特殊句式，如果遇到没见过的字要联系上下文翻译，然后翻字典或是查看参考答案积累下来。所以要准备一本《古汉语字典》。文本阅读要“随做随划”，标出关键词、主要的总起句、转折句，节约时间。答题前先仔细读问题，比如要求概括定义，就只能有一个动词和宾语，其他都是定语和状语。

语文学习，总结试卷也很重要。比如诗歌鉴赏中，问某句的作用该怎么答？通常的回答是分为结构和内容两个方面。先翻译，再写出修辞手法，概括意境，再联系诗歌前后内容和诗人的情感。诗歌情感的分析一方面可以通过诗歌内容推测，推测不出来也可以通过作者生平来推测。所以把比较著名的诗人的大致生平看一看也不失为一种方法。比如分析李白，很多都是“潇洒飘逸”。修辞手法、表达手法之类的也要自己多总结，比如以景寄情、白描手法等，先看看资料上的总结，弄懂一些术语再做题，效率会高很多。小说阅读的总结可以着重答题角度，比如问某物在小说中的作用，一般从小说结构、内容等方面回答。另外也要注意小说术语，比如“冰山写法”“有限视角”等。

二、如何背英语单词

单词，我一般在早自习背，准备一个很小的本子，口袋能放下的那种，可以随时拿出来看。英语单词一般有课本上必备的和常考的，书上的要记牢，卷子上经常看见的要眼熟，不一定会写，但是要会认。还要留意写作文可能用得上的词，平时查到就顺手记下来。除了直接记单词外，我也通过句子记单词。相似的单词对比记忆也比较快。英语单词还有很多不常用的含义，遇到了也可以记下来。

英语阅读题，很重要的是划分句子结构，有些单词不认识其实不妨碍做题，会划分主语、定语、宾语、从句之类的，阅读就会容易很多。如果句子划分不熟的话，可以在平时练题目的时候形成习惯，把每句话的主句、从句画出来。阅读碰到地名、学校名通常是用不上的信息，可以直接跳过，或者用括号括起来，可以节约时间。完形填空语感很重要，有些空做不出来，但是读一遍就能选出来，所以读英语也很重要。有一些完形填空考的是固定搭配和句子结构，比如“sitting”和“seated”，虽然意思一样但用法不同，有些用被动表示主动的短语要记。平时一定要抽时间做英语阅读，每天坚持，不然后期很难突然找到感觉。做阅读的时候手边要随时有字典，遇到不认识的、不确定的及时查，不要留着一起查。阅读的时候遇到觉得比较高级的句子可以记下来用在作文里。英语作文要多背模板，记一些高级表达和高级词汇，分类型记忆。多记模板可以节约很多时间，而且不容易出错。另外作文读题要仔细，注意写作格式，比如写便条和写信格式就不同，不要在格式上犯错，不然会给阅卷老师留下不好的印象，很难拿高分。如果遇到记不清的单词尽量不要写，要写绝对确定的，减少犯错误的概率，起码在前几句里不要出现错的单词。还有一点是，作文的关键词不要错。书写也很重要，可以记单词的时候顺便练一练，不需要太多时间。

三、历史

首先，我在看历史课本的时候，每个章节都会弄明白：本章的历史背景、原因、事件的特点、领导阶级、结果，用便利贴简单整理，后面复习就一目了然了。在一轮复习的时候，每句话我都会认真再读一遍，包括小字、标注，每张图也会重点注意，特别是地图。历史越来越重视时空观，重要战役的发生地点要多注意，比如平型关大捷、百团大战的地点。

其次，自己整理时间轴，这一步我觉得挺重要的。它不仅可以帮助我们记忆时间，也可以加强事件前后因果的联系。我不推荐买现成的时间轴，自己整理记忆更深刻，而且不用太多时间。在做题时，看见时间反应会更快。可以用不同的颜色，分经济、政治、文化来标记。做大题的时候，每句话都画一个分隔，读题之后，尽量每句话都用上。这种方法可以避免漏掉得分点。历史答题也有一些模板可以用，平时也可以记忆，答题可以更全面。比如问原因，一般有经济、政治、思想文化、主观因素、偶然因素等。另外要充分利用好自己做的时间轴，如果问到影响或者背景，就可以联系前后事件。这个方法在做书上没学过的事件的题目时比较有用，例如以前我做过一道题——清末尚武精神的影响，有一个得分点是说造成了军阀混战，这一点在题目里其实得不出来，但是如果整理了时间轴，就很容易想起来军阀混战的时间，联系两个时间点。

还要注意专业术语的解释，学会用自己的话解释一遍，定义不能搞错，比如“嫡长子继承制”中什么是“嫡长子”。简述题一般是三段式结构，先写出观点，再论证，再总结一遍。

历史学科的阅读量比较大，如果不确定能不能写完，推荐先写选择题。如果遇到字很多的选择题，要重点做到分隔每句话，全面理解，注意话中的转折词，字多的选择题很容易被片面理解。而且历史选择题也有很多文言文，这类题对语文基础有一定要求。

高中历史特别注重唯物史观和爱国情怀，唯物史观的几个基本原则要始终牢记，比如经济基础决定上层建筑、生产力决定生产关系等等，这个方向容易靠的就是几次工业革命对应的变革。在学习中还要注意中西对比，比如孔子思想和苏格拉底的思想、新航路开辟和郑和下西洋等等。

四、地理

地理的特点就是逻辑性很强、知识点多而杂。所以，学地理，首先基础知识要牢固。另外，非常重要的是要学会自己推演。比如：太阳辐射、地面辐射、大气辐射的关系，地质循环、天体运动，都是常考的知识点，不能死记，一定要自己推演一遍，想不明白就要问，死记会经常记错。地球自转、公转问题可以买一个地球仪自己演示，比抽象思考更形象。答题模板也很重要，地理答题很难答全，记住模板可以形成反射，以免漏点。比如农业区位因素、工业区位因素、城市区位因素等等。回答分布特征，一般先说分布不均，再说哪里密集哪里稀疏并指出极值点，最后说从哪里到哪里逐渐增多或减少。还要善于总结参考答案，特别要记住自己从没有想到过的答案，开阔思路。总结参考答案也可以补充自己的答题模板。

地理选择题有一个特点：整个题目包括两三个小题，错了第一个很可能会连错三个，做错此类题目要特别记下来，不仅想通为什么对，也要想通为什么错，隔一段时间就做一遍。一般连续错的题就是该题其中的原理没有弄懂，明白原理了，这一类题就都会做了，且大题中很容易考查这个知识点。地理还有很多的专业术语，比如堰塞湖、牛轭湖，遇到了一定要查清楚它们的形成过程、特点，答题的时候也不能写错字，比如“辐射”写成“幅射”。

地理还有一个特点：图多。地形图、分布图等信息很难翻译成学过的知识，做题时一定要注意图中给的所有信息，给了一般都得用上，发现有没用上的信息一般都是自己漏点了。要想很快把图翻译成学过的知识，在平时学的时候就要多看图。地理图册是必备的。想把重要地区的经纬度记住比较困难，你在做题的时候，遇到不知道的地方就翻开图找一找，形成习惯，慢慢就会记住大洲、大洋、主要河流、首都的经纬度。世界主要河流的形态特征要熟悉，这样，当遇到只给出经纬度和简单信息的图就能很快识别，可以想起很多相关信息。另外，也要熟悉主要地区的轮廓图。看图的时候，多用手指描一下轮廓，加深印象。黄土高原、喀斯特地貌都有独特的地形。读图时也要注意细节，比如单位、指示方向，这几个地方出题人很容易设陷阱。解答地理题目要尽量全面、精简、多点作答，不要怕答错。答题的逻辑性也很重要，特别是地质地貌的形成过程，如丹霞地貌形成过程。

五、生物

生物要多记。生物基础知识特别重要，很多生物题记得住就会做。买一些生物的教辅资料来背可以节约时间，不过最后复习一定要回归书本，整理原来没注意的知识点。生物的对比记忆很重要，比如真核生物、无核生物，蛋白质、糖、脂肪的鉴定，自己尽量多列出对比项。选修部分一定要多记，隔一段时间就记一次，不仅要记书上的，也要多看你做过的题的标准答案，用规范的语言表达。

生物的图也很重要，对书上的图，要做到全部“眼熟”。书上每节的课后题也要做，有些考试题目就是从书上的题改编来的。生物有些知识点在拓展的模块，不要忽略。另外细胞繁殖也是很重要的考点，对于DNA、染色体、染色单体的关系搞不清楚的同学可以用几支笔来推演，把过程具象化，前、中、后、末期自己都推一遍，才能完全理解。过程熟练了之后做题就不用靠死记了。还有比较难的考点是关于基因的部分，我建议大家花时间把不会的题彻底弄明白。可以用草稿纸推演，把每一种可能性都推导一遍。这类题虽然难，但一般有几个空会比较简单，不要不敢做，如果后面实在不会就放弃。

生物不定项选择要花很多时间仔细做。第一，基础知识要牢固，要靠背；第二，读题要仔细，生物有时候就是玩文字游戏，所以定义一定要准确记忆。第三，积极动笔推演，要算。做一个不定项选择相当于做了四个单选，错了要好好总结。

生物大题一般有几个是比较容易的。容易的题要做准确，避免笔误。难题里也有简单的空，不要不敢做。生物一般都会考几个很偏的知识点，背知识点的时候就要背全面，比如书里提到的科学家都做了什么实验，证明了什么。

以上是我高中阶段各科的学习经验分享。接下来，我想跟各位学弟学妹聊一聊高中的时间管理。

我自己在管理时间时一般用到两种办法：一种是每天定任务，由少到多，寻找最适合自己的量。第二种是划分时间段，比如几点到几点做英语，几点到几点做语文。第一种方法的好处是可以保证数量，缺点是遇到突发状况很容易完不成任务，导致积压。第二种方法的好处是可以保证练习时间，不影响下一个时段的练习，减轻焦虑，但是无法保证数量。两种方式可以看具体情况切换。

学习的时候如何提升专注力呢？

首先，一定要保证睡眠。不要牺牲睡眠时间写作业，那样只会事倍功半。我们可以使用“番茄钟学习法”，每二十分钟或三十分钟休息五分钟，可以有效奖励自己从而学习上瘾。学习时最好远离电子设备。寻找长一点的时间学习，碎片化学习效率比较低。最好能每周固定时间整理错题。

六、高考备考心得

1. 调整心态

如果模拟考试失败，可能会影响心态，但其实不用过度焦虑。高考最终成绩和高中无数次的月考、模考成绩相差不会太大。特别是最后一个月，其实每天能做的事情是有限的，记一记基础知识，看看错题，保持睡眠充足。不要到了最后阶段还每天刷很多题、记很多东西。高考的时候容易紧张，会导致很多知识想不起来，所以最重要的学习内容是加强基础知识的记忆。

早一点调整睡眠。高考前睡不着也是很常见的现象，不用太紧张。其实高考能刺激自己保持兴奋状态，面对考试已经足够集中注意力了。第一天考完，对高考的恐惧感也就减少了，晚上睡眠会好很多。如果面对实在不会的题目，补不上来的科目，到最后一段时间就只抓基础和记忆的东西，不要太过纠结。扬长比避短容易。

2. 时间安排

一模、二模期间要努力刷题。运用碎片时间，每天固定任务，用英语阅读、语文阅读保持手感，记忆单词。完成固定任务后，查漏补缺。重要的是每周要安排固定的时间整理和重做错题。错题非常容易一错再错，所以要多记多做，提高速度。可以考虑哪天只做选择题，哪天只练大题，分题型提高。如果知识点不懂，可以分知识点、分模块刷题。最后两个月重点用来记忆和巩固错题，保持心态。

化学学科经验分享

王奕贺

作者简介：

王奕贺，高考总分 691 分，其中语文 127 分、数学 143 分、英语 141 分、物理 93 分、化学 95 分、历史 92 分，录取清华大学建筑学院。

大家好！我是王奕贺，很高兴来跟大家交流化学学科的学习经验。以下内容是根据我自己学化学的经历来写的，当时的教材与现在的教材有不同，但我相信知识框架基本一致，应该不会相差太大。

一、提纲挈领：关注化学，重视化学

化学是一门在分子、原子层面研究物质的性质、组成、结构和变化规律的科学（初三教材中的表述）。它涉及微观、宏观双领域，与数学、物理和生物联系紧密，数学的比例、函数等是常用工具，物理的电、力、光等知识在物质结构中有用，生物的糖类、脂肪和蛋白质等知识与有机化学相通，仅举几例。

生活中处处有化学，平日多留意化学现象（例如：家里燃气灶的火焰真是蓝色的吗？），积累化学常识（例如：一般认为发面用的食用碱成分主要是小苏打而非苏打），对学习与考试都有帮助。

每一科的学习，都离不开背书、做题，化学亦不例外。学习重在积累，以期见多识广、见招拆招。早读背化学，背语言文字描述（后文详述）、方程式（特别关注过量少量、是否可逆、反应条件、文字符号、是否是热化学、写不写状态、打不打括号、系数规律等问题）、概念定义（名称、俗名、别名、步骤、器材名、有机命名法、实验操作规范等）等内容；自习做化学，或是巩固所学（课上讲的），或是查漏补缺（掌握不熟练的、课上没讲的），或是纠错整理（易错易混点、好题好方法等，后文详述）。坚持下来，保持题感，保持对化学的敏锐与热忱。

二、化整为零：拆分化学，逐个击破

按照内容分类，高中化学主要分为无机、有机、物质结构、反应原理等部分，还有其他一些内容；每本书又分为多个单元。教材与教材、单元与单元，相辅相成，并不孤立。教材的编订是有内在逻辑的，目录就是现成的知识体系，可以再结合老师构建的体系，形成自己的体系。要学好化学，首先要熟悉每一本教材的主要内容，需要熟记哪些知识点，最好能迅速定位到哪本书甚至哪一页附近。

对于考试，应注意大体有哪几类题型和各专题通常的大致位置，纠错整理时也可以按题型、专题整理。这样做不仅可以较准确地把握自己的弱项，实现各个击破，也更易看到自己的进步，增强信心；否则，可能会出现“好像都会，其实很多不会”的情况，在学习时感到无从下手、心烦意乱。

三、纳零为整：相似相“融”，总结规律

一定要利用好纠错集锦本，及时整理纠错集锦本。集锦本上记什么？可以分为四部分：语言文字描述、错题好题与规律总结、易错易混点、化学基础与常识。

1. 语言文字描述

语言文字描述指规范的表述，类似于答题模板，常见于填空题（尤其是长空），其他题也有。下面是两个例子。

（1）破碎软锰矿（反应物）的目的：提高浸取率和浸取速率。

（2）HF 熔点反常的原因：HF 分子间能形成氢键，其熔化需要消耗的能量更多。

这些内容我建议改在卷子上，然后直接剪贴，以便对比自己的答案与参考答案。有时候，两个相似的问题，答案却大相径庭，这就需要我们收集大量的参考答案，经过比较研究，从中提取共性，总结出相对而言最全面又最简洁、最具普适性的表述，实在难以取舍时，可以向老师求助。比如，要求控制在 50℃，高了不行低了也不行，一般就要答“低了、高了分别有什么坏处”，而不答“50℃有什么好处”。

2. 错题好题与规律总结

纠错时最好写上“错因”或错误思路，并亲自做出正确结果，最好写出解题步骤，而不只是抄答案或者粘答案。好题往往有妙法来解——在这里我说一句，所谓“偏难怪”的题目未必都不好，可能只是方法灵活一些，思路新奇一些，不妨积累下来。我的化学老师给我们选题基本不管地域，上海卷、浙江卷、北京卷之类的，去掉出处印出来，我们也不知道是哪里的题，见招拆招，做就是了。其实江、浙、沪的题目也没那么可怕，离我们也并不遥远；目前新高考改革，思路十分新颖；备考时适当练练新题巧题，利远大于弊。

题积累得多了，就能总结出规律，比如做“反应原理”的题，先写哪个守恒、代哪个

量，同分异构体的数量等。不过要记住，考场上要把每一道题当作新题来认真对待，规律可以用，答案不能背。

3. 易错易混点

这部分我认为是最有个性的、最重要的。只有我们自己最了解我们哪里易错、什么易混。所谓粗心，很多时候就是记错或记混了知识点导致的。很多时候只有考到了、做错了，才意识到："哦，原来这个我也能记错！"以下是一些例子。

易错点：

（1）注意看要填的空后面有没有单位。

（2）做电池题别忘了氢离子也有质量。

易混点：

（1）外围电子=价层电子=价电子。

（2）酸性强≠碱性弱，硫酸与盐酸可以比较酸性但不能比较碱性。

4. 化学基础与常识

说到基础，化学最基础的自然是元素周期表，它也是最好用的工具。我建议尽早背熟整张元素周期表（其中的信息，做题多了也能慢慢记住，实在背不完的话可以略去放射性元素），达到能熟练默画的程度。要知道，学"物质结构"很大程度上就是在应用元素周期表，应用好它就学好了"物质结构"的很大一部分。比如，我之前做过一些元素推断题，问题像 82 号元素在谁下面，或者 52 号元素原子的核外电子排布。我直接将元素周期表背下来，能省去计算的时间，并且正确率较高。

化学有许多零碎的知识点，分布在教材和试卷的各个角落。从教材不被关注的小字中，可能找到选择题原话；从选择题的选项、大题的已知条件中，可能学到有用的新知识。比如元素电离能、电负性排序，不同物质颜色、密度、熔沸点等物理性质，一些物质的洗涤方法等；书上没有的，一些题目里会有，此时可以剪贴，此后再遇到选择题中比较密度等问题时就可以直接用。

四、高屋建瓴：体会化学，享受化学

除了课内学习，课外阅读一些相关书籍也有助于化学学习。读课外书籍时要注意：化学是在不断迅速发展变化的，有些观点已经过时；特别是一些大学教材，很多内容都不再正确，或者是有些超纲内容——在大学对，在高中不对，也可能反之（这一点学竞赛的同学可能更有体会）。因此我想说，一定以课内知识为准！

条件允许的话，自己多做做实验，实践出真知，这也有利于理解实验流程题。我初三时就经常在放学后跟几个朋友“偷”材料找地方做实验，自认为积累了一些经验，对一些概念有较直观的认知。

以上就是我对化学学科学习的一己之见，欢迎大家批评指正。祝大家在高考化学的考场上发挥出自己的水平！

我的高中学习经验

吴限来

作者简介：

吴限来，高考总分 699 分，其中语文 122 分、数学 149 分、英语 147 分、理综 281 分，裸分录取清华大学物理系。

一、我的中学经历

我曾经就读的中学算是县级中学中师资力量比较强的，但逊色于大多数市级中学。这个条件并不完全是劣势，由于校内竞争压力小，我在学校数次模考中名列前茅，所以任课老师对我有额外的关注。但我能考上清华并任选专业，根本原因主要还是学习方法。每个人都有个性，理应有不同的学习方法，所谓“最适合自己的才是最好的”，但在高考的应试背景下方法往往有章可循。

此外，我初中成绩并不十分出众，上高中之后由于理科优势逆袭，期间由于偏科，几乎无缘清北，英语、语文两科直到高三才有大幅度提升，最终高考（2020 年全国一卷）超常发挥考上清华。我的经历有一定的典型性，读者或许能从我的个人经历中获得启发。

我很小的时候在公交车上蹦蹦跳跳地做过一个实验，困惑于为什么跳起后自己不会撞向车尾，初中学习了惯性后，我感受到物理之奇妙，梦想成为物理学家。高中时进入理科实验班，我自然选择了理科，我的数学、物理、化学、生物的学习几乎一帆风顺，但我的语文与英语学习能力相对班上其他同学是很弱的。因此，我对考名校并没有太大的期望。这件事其实很有趣，大家想想看，一个在公交车上一言不发跳来跳去的小孩，大概不太喜欢语言表达，语言类学科自然很弱。

幸运的是，我的理科确实很强，引起了老师们的注意，以至于高中三年，任课老师都在为我的学科均衡想各种办法，我自己也很努力，终于在高三有所突破，语文和英语成绩有所上升，加上高考发挥超常，不仅仅理科获得极高的分数，语文没有太大失误，且英语考出了高中三年最好的成绩。令人哭笑不得的是，我考得相对最差的是我最爱的物理，但无伤大雅，我已实现目标了。

二、我是如何学透高中数学的

我的高中没有培训竞赛学生的能力，因此我的高中学习是以高考为主的，纵然参加过自主招生考试与“暑校”等活动，但最终发挥作用的还是高考成绩。我的数学成绩在高中三年里保持得很好，这主要得益于两点：一是我学新课的时候，及时掌握知识点并查漏补缺；二是我在后期刷了大量的题。

其实高中的数学知识并不是非常难，我在学习新课的过程中很少会有理解上的障碍，关键在于确保自己真的学懂了，相关的数学题基本没有不会做的。要确保这点，首先是上课时跟随老师的思路，以保证知识体系没有遗漏，没有盲点。追根究底就是上课认真听讲，但说起来容易做起来难。不过我有一个习惯，就是以给老师纠错为乐——对于理科的课程，我有一种在老师的思路或细节出错时抢在第一个指出错误的冲动，每次发现别人没有察觉的错误，我都收获一种满足感。事实上纵使老师精通业务，出错也在所难免，我既然有此“癖好”，在理科的课上自然就紧跟老师的思路了，很少分心。当然，老师不会因此生气，这是学术上的切磋，没有什么身份的顾忌。

课后及时做题总结。我是一个思维单一的人，不太喜欢思维导图一类的方法，更喜欢落在实处，即“这道题怎么做”。因此我的及时总结体现为：按课程进度刷参考书上的题，由于参考书上的题目比老师布置得难，且有详细的解析，因此对我帮助很大。对于错题或不会的题（其中一些对当时的知识水平来说有些难）我会尽量弄懂，实在不行便请教老师。

课本知识学完后总复习时，我刷过一本参考书，大约有七八套卷子；还有其他系列的试卷，另有大约四五套，直到感觉每套试卷大同小异，一方面是由于确实有题目重复，另一方面是我对各种题型的考法见识遍了。之后数学老师借给我一套参考书，记得是一个系列，大约十几本，略有难度，我都做了一遍。另外，准备竞赛时，数学老师推荐过一些书让我自学，我也经常找老师探讨问题。虽然做的不是高考题，但这极大地提升了我的思维能力。

因此，我才毫不惭愧地说，至少在高考应试层面，我把高中数学学透了。

三、我是如何补救弱科英语的

说起英语，我很感激英语老师一直没有放弃我，他努力引导我掌握英语的学习方法。我的英语成绩在高一、高二徘徊在 120 分，偶尔考 110 分或 130 分，类似于买彩票，毫无预见性。主要原因是我的词汇量太少，经常读不懂或写不出单词，还有语言天分不高，许多搭配只会死记硬背，再就是思维方式奇怪，因此明明懂了却会误解选项的意思。

对此英语老师首先要求我背单词，我当时不够努力，背得不多，之后老师建议我做一套题，但那套题难度太大，我做完错了很多，对完答案恍然大悟，但下次又是错很多，没有什么长进。高三时，我痛定思痛，买了高考十几年来的各省试卷集来做。高考题其实比平时考试简单，而且有相似的思维逻辑体系，其间遇到不解，我便去问老师，经常问得老师哭笑不得，奇怪我为什么要那样想问题。我至今不理解：我思考问题的奇怪之处到底在哪儿。但经过了这些高考卷的纠正后，我的思维有所改变，常是 130 分左右。高考前几个月，我真正开始用心背单词与背范文，以及主动做听力题，英语成绩稳定多了，有时能考到 135 分。

四、关于时间管理与学习效率的感悟

如前所述，我的高中生活似乎被题海淹没了，没有激动人心，没有罗曼蒂克，那么我是如何在这种无聊的刷题中保证效率的呢？这其实是个伪问题，因为我的学习效率并不是惊人的高，我也有许多兴趣爱好，有时在一些事情上投入大量时间，或者经历不顺后低效一段时间。事实上，我经常为管不住自己而苦恼，但随着高考的临近，仿佛有无形的闹钟时刻提醒着我，督促我少浪费时间在一些无关的事情上，相对做到高效。

我潜意识里希望将所有空余时间都用来学习，但我自知不可能做到。我的对策是制订高标准的计划，计划甚至可以超过自己的能力范围，没有放松解压的时间，结果是通常完不成计划，但我所完成的任务量已高于其他人的完成量，原因在于大多数人可能计划里有自由娱乐的时间。我并不是没有进行娱乐活动，只是放弃计划而享乐的做法会产生一定的愧疚感，有一定的约束作用。这种做法尽管严苛，但确实是高中时代的我为高考做的牺牲。

记得高中的最后一个学期，在家上网课。在家自习的效率一般低于学校，我为此多次感到焦虑，但这并没有影响我的高考发挥，甚至排名还比预想的靠前了很多。究其原因，我在家学习效率的下降趋势大约没有许多竞争者严重，毕竟我的爱好没有成瘾，平时也很少打游戏，这或许起了重要作用。我想，人非机器，总会有时管不住自己，尽量克制住自己，做到不太出格就够了，不必挑战自己的生理极限。

五、高考的那两天及感想

这部分的分享意在说明：考试的焦虑与意外是极正常的，同时希望能给予读者一些启发。

高考考两天，且上午要提前到场，意味着有两个晚上要好好休息，随之而来的是失眠风险。我知道这是自己一定要面对的，因此在中午适当地睡了近一个小时，因为，如果睡多了，晚上睡不着；如果睡少了，万一失眠就没有补救。第一晚果然失眠，不过我 22:30 就上床，大约 00:30 睡着，因此勉强睡够了，不至于出大问题。如果 24:00 才上床，结果睡不着直到两三点，后果就严重得多了。第二晚我睡得很好。

第一天上午考语文。弱势学科，我老老实实地作答，答完试卷还剩了 15 分钟，可见时间把握得不错。以我的经验，语文考试剩的时间只能检查那几道选择题，通常不会再涨分了，所以最好不要留太多时间，但作文一定要写完。考完我觉得作文写得不错，总体没有重大失误，因此心理没什么波动。实际上我错了两道选择题，作文只得 42 分，其他题目倒答得不错，但那时不知道，因此没有影响之后的考试。

下午考数学，优势学科，更要极度小心。我真实的考试能力大约是提前一个小时交卷，但在高三一年我已训练了不急不缓地答卷以确保正确率。我参加高考这一年的最难的题是那道概率题，我第一遍做时被卡住了，选择先跳过，最后剩 30 分钟，立刻回到该题，期望做出后有时间检查选择题和填空题。结果多次尝试都不顺利，最终无奈利用竞赛中见过的一个技巧，以一种不寻常的方法算出了答案，并尽己所能写上了步骤，最后多余仅几分钟，只够检查一遍选择题，并发现最后一道选择题有其他可能，但时间来不及，没有改答案，这对我来说是很少见的。考完后，我想，高考数学压轴题每年必出新花样，我被卡住很正常，时间确实有些紧迫，那道概率题我用了超出考纲的技巧，一定不是标准答案，即使算对了不见得能得满分。我其实还有些心慌，担心那道选择题会不会错了，这种思绪笼罩了我考后一个小时，最后想着班主任的告诫“考一场，忘一场，专心准备下一场”，我投入复习中而平静了下来。实际上概率题算对了，因为方法不严谨扣了 1 分，最终 149 分，但当时难免担忧。

第二天上午考理综。理综考试最重要的是时间，毕竟有写不完的风险，我相对弱的是生物，故为生物腾出更多时间。物理压轴题很简单，因此最后写完剩了 5 分钟检查选择题，其间改正了一道化学选择题。我知道做完便是胜利，因此心态良好。实际上我的选择题全对，物理实验题意外地错了一道，但总分较高，算是正常发挥。

下午考弱项英语，我深知做英语需要心静，因此抱着平常心做卷子。听力部分有一两题有蒙的成分，但平时也这样，我并不期待高考会更好些，所以之后还是正常地做，最后剩了 40 分钟时间，大约是我做得比较顺吧。我像平常一样按顺序检查，无非是改掉一两个，再纠结一会儿要不要改回来，考完也不知道考得如何，但我感觉没有完全选不出的选项，大概那天状态不错。实际上我的英语成绩前所未有的高，出乎了所有人的意料。

考完后，老师们都在校园的广场上等着我们。数学老师问我昨天那道题做得如何，英语老师也问我英语感觉如何，我的回答都比较乐观。当时天下着小雨，我们撑着伞在聊，我半是麻木于结束的喜悦，半是迟钝于之后的安排，又想到要把一些竞赛书还给物理老师和数学老师，以及自己需要准备强基面试，乃至老师们将成为故人，思绪万千。这种思绪，需要读者自己经历之后方能体会，这其中有解脱，有兴奋，有期待，有不舍，也有淡淡的担忧，以及深深的迷茫，但无论如何，之后的人生都会如文艺复兴般开始。

我的英语学习经验分享：从不出众到高考 146 分

赵君豪

作者简介：

赵君豪，高考分数 674 分，其中语文 108 分、数学 138 分、英语 146 分、物理 94 分、化学 95 分、生物 93 分，录取清华大学未央书院。

我的英语水平一开始并不出众，直到后来词汇量提升之后，成绩才逐渐有所起色。英语是一门语言学科，学科特点要求学生需要浸润式地体验语言的表达习惯，在积累中提升自己的语言水平。

我个人认为一般英语成绩提高的规律是，词汇量较小，分数比较难看；词汇量提高了，分数提高了许多，但一直遇到瓶颈，而且发挥不稳定，和真正的高分还有距离；题做多了，一些瓶颈得到了突破，分数一般稳定在较高的分数段，和高分相差4～7分；看的文章多了，做的题多了，而且对语言的感觉更加深刻了，最终才能得高分。而成绩提高的“拦路虎”无非就是作文、词汇、阅读、完形填空。

作文一般就四个方面：书写、词汇、句型、情景。书写就一个要求：清楚整洁。方法就是临摹，多实践，一般来说，听老师的指导，到高三作文就基本不是问题了。不过高三突击书写也有机会，虽然不会很完美但也能有点样子。只要没有涂划书写，同时字体圆润的话，书写的分数也会很高。

至于词汇，要求是丰富合适。我的建议是，背单词的时候把例句也一起背了（实在不行读几遍也可），然后尽可能背一些范文。很多常用的词汇和句型结构都会在范文里出现。句型的要求和词汇一样，也是丰富合适。

我给同学们的建议是，做一个素材积累本。素材使用可以分为三个步骤。

第一步，把所有的好句子、好词汇都收集起来（最好是剪下来粘贴或者选择其他形式，手抄很浪费时间），然后全部背一下，忘了没有关系，也不用复习，因为这个步骤的目的是培养语感，让你能够体会到英语的写作习惯。

第二步，从第一步的素材中提炼出一些共性的内容。比如感谢信，你会发现很多范文开头都一个意思，你就可以挑一个你喜欢的手抄在一个本子上。再比如很多新闻报道，有几个事件描写得很好且通用，你也挑2～3个喜欢的抄在本子上。

第三步，背诵和运用素材。有了素材之后，还没有结束，因为我们的最终目标是要对素材进行灵活地运用。因此，第三个步骤是背诵素材和运用素材。背诵素材的一个非常有效的方法是艾宾浩斯记忆法，即同学们可以在一天中选择5～6个（甚至更多）分散的时间段，这些时间段的分布最好能够涉及一整天的各个时间段，然后在每个时间段进行重复性的背诵，每天的背诵目标可以是3～5个句子或者一篇小作文，同时第二天、第四天、第七天要及时对第一天的背诵内容做至少 3 遍的复习背诵。长此以往，词汇和句型便可以烂熟于心。除此以外，在考试中运用素材也是能够加深印象的好方法。同学们可以尝试在考试中学以致用。

最后一个是情景。其实目前来看，考试对情景创新部分的考查并不多，所以大家尽可能追求合理，即符合逻辑就可以，这对大部分同学来说应该不是难事，你只需要想：如果这是真实情况下发生的，那么最大概率的故事发展是什么。除非情景有提示，否则没有必要追求猎奇。当然如果可以，故事最好是新颖的。至于方法，就是在素材中找一些好的事件描述，比如一篇范文是写运动会的，那么你在同一类的范文里会找到许多关于体育项目的描述，找几个不常被写到的（如跳高很少出现在范文里）手抄下来加以背诵。

想要做好阅读理解和完形填空，需要词汇量做基础。所以先说单词怎么背。

背单词首先要通过一些渠道获得高考的 3 500 词，一般市面上会有，最好带例句。然后用前文提到的——与背诵句型和词汇相似的方法——来背诵单词。需要注意的是，每天要背的单词数量根据你的时间紧迫程度而定，建议每天 20～50 个，找 8 个 5 分钟或者 10 个 5 分钟在一天重复性地背单词，而且要边背边写。一般而言，这样背下来后能够稳定记忆半年到一年的时间，一年后一些不常用的单词开始遗忘，但由于这一年里你会看许多英语的文章，所以常用词会依然记得。

单词关过了之后，就是阅读理解和完形填空。阅读理解首先是多做题，然后在做题时应用我下面提到的方法，一段时间后基本就会很少失误了。平常做阅读理解时，边读边给文章划分层次，如果一开始不太会划，可以暂时跳过这个环节，读完后尝试用英语（实在不行汉语也可）复述一下文章的主要内容和情节。一般来说，复述完文章内容之后，文章的行文结构你也就清楚了，文章主旨大意也就明白了（如果不确定自己复述得是否正确，可以询问老师）。有了主旨大意后，一定要牢牢把握这个内容，不管后面是什么题，凡是和主旨背离的选项，绝大多数情况都是错的。一般来说，简单的题读懂文章就能做对。但难题不一样。不知道同学们有没有注意到：阅读理解的题干要求是“选出最佳选项”而非“选出正确选项”。也就是说，可能有两个选项都对，但只有其中一个选项最符合文章和题目的要求。而符合文章要求即是与文章主题有更高的相关度。所以做难题时需要你去提炼主题，然后找一个和主题最相关的选项，一般这个选项就是对的。做完形填空的方法和前面做阅读理解的方法基本一致。做完形填空时我的习惯是读 3 遍，第一遍和第三遍速读，第二遍精读。当然也可以根据个人情况进行调整，但至少应该读两遍。做完形填空的时候，我的建议是先把能填上的填上，不确定的先留下。然后速读一遍后，再读第二遍，如果有一定的词汇量的话，一般在第二遍细读的时候能把大部分简单的题目做出来，剩下的题目，一部分根据主旨，用类似阅读理解的方法可以做出，另一部分就是“熟词生义”。“熟词生义”的应对策略只能是积累，平常可以准备一个本子，遇到之前没有见过的“熟词生义”就把它记录下来。

英语的学习更多是靠语感，而语感的培养就是在你和语言的接触中进行的。语感不是什么看不见、摸不着的东西，语感就是你对这门语言的投入程度和努力程度。因此，同学们应该时刻记住“功夫在平时”。

我的地理学习方法分享

邹其臻

作者简介：

邹其臻，高考总分 654 分，其中语文 132 分、数学 142 分、英语 142 分、文综 238 分，获得清华大学冬令营“良好”认定，录取清华大学哲学系。

亲爱的学弟学妹们，你们好！我是来自清华大学的邹其臻。这里我想跟大家分享一下我学习地理时的一些心得。希望通过我的分享，同学们能够少走一些弯路，在学习地理的过程中更加得心应手、从容不迫，在高考中取得理想的成绩。

一、平时学习

地理学习，掌握基础知识是重中之重。在教材方面，复习时应该仔细地把所有的基础知识扎扎实实地学一遍。我个人认为最好的方式还是找一个整段的时间，在一个本子上心平气和地把书本上的知识按章节整理成框架。分专题、分板块整理自然地理与人文地理的相关知识是贴合地理学科特点的选择。这些花费时间整理出来的手抄的框架会成为后期复习时最有效的知识回顾资料。这是因为知识都集中在一张纸上，彼此之间的逻辑联系十分清晰，更有利于理解记忆。

除此之外，一定要重视错题。一定要按照老师的要求整理好自己的错题本，它们会成为你复习时最宝贵的资料。整理错题的时候选择题要逐选项分析，大题则需要逐句分析标准答案的思路、用词和各个知识点之间的逻辑联系，对照题干分析这些点是如何被想出来并以这个顺序组织起来的，这样，会很有利于地理答题水平的提高。

此外，建议大家准备几个便携的小本子，养成随手记录的好习惯。这些本子可以用来记录上课时老师随口讲的新思路新方法，也可以记录你做题中遇到的自己不是很了解的地理现象、地理模型。平时课间等零碎时间随手记背积累，可以在很大程度上帮助我们归纳零散的知识点。

还有，多跟老师和同学交流，尤其是多向地理较好的同学提问，这也是提高地理成绩的好方法。与同学交流能够更有效地擦出思维的火花，帮助你拓展和深化自己对地理题目的理解和认知。

二、练习

我们在地理学习的过程中会做大量的习题。习题分为两类：高考题和模拟题。模拟题可以提高我们对知识的掌握程度和熟练度，我们可以通过做适当的模拟题来复习并串联基础知识，保持答题手感。真正需要重视的是为数不多的高考题，地理的高考题是我们熟悉高考考向和思路的最珍贵的一手资料，我们要像做研究一样分析高考题。要在一遍遍重温高考题的过程中体会高考命题的思路，并且有针对性地调整复习方法，这样才能真正做到心中有底，真正提高自己的能力。

我们要在不断的练习中明确试题的结构，每部分的考向考法。高考题的形式分为选择题与简答题。

地理的选择题相对较难，对思维的要求很高。在着重分析题干的结构与设问之后，我们一定要分析四个选项。正确的选项为什么正确，错误的选项又错在了哪里，慢慢地，我们就做题时就会变得更加熟练，思维也和高考所要求的正确思维更加接近。地理选择题的特点在于以组出现，而组内的每道题之间都有一个由浅到深的逻辑贯穿其中。这要求我们在掌握基础知识的前提下要读懂每组题目的材料，要读清楚每道题的设问，先读题干再浏览每一道小题的设问，注重把握一组题中前后贯通的逻辑。这样才可以尽可能地降低错误率。在考试中灵活使用极端值法、排除法等方法确保选出正确答案，考后纠错和平常练习中则要落实每一个选项，这样有助于自己上考场前最大限度地扫清知识盲区与思维漏洞。

关于地理的大题。

我们在分析高考题的时候，要坚持具体问题具体分析，搞清楚每道题的不同特点，并有针对性地努力强化。备考过程中我们要对标高考题，独立把高考题做一遍后，一条一条地对照答案，思考答案为什么会是这样的，并用框架概括出命题的主要思路。多思考多分析，这样不仅能够提高答题能力，还能帮助我们建立对高考题的熟悉度，让我们面对高考题时得心应手、胸有成竹，在高考中发挥出自己最好的水平。

三、考试

在这个部分，我向大家分享一些地理考试的应试技巧。无论如何一定要优先听从老师的建议，按照老师的要求来做。

以我的经验，地理考试可以遵循如下规律。

首先，严格按照试卷的顺序答题，不要因为自己喜欢先做大题或者自己希望先把最后的难题做完而不按照试卷的题目顺序答题。一般来讲，试卷的命制是按照题目的难易程度和考查重点由易到难排列的，如果拿到试卷先做后面的大题，很可能因为题目难度太大而深陷其中，并且给自己造成一个错觉："这套卷子我完成不了。"这种错觉在考试中是致命的，会让你拿不到自己本来能够拿到的分数。

其次，要在日常的练习中注意时间，找到自己的节奏。这样做可以有效缓解"担心自己答不完试卷"所产生的焦虑。我个人的经验是，根据试卷的结构来设定时间标志，比如选择题做完需要多长时间，大题第一道题做完需要花多长时间，第二道题做完需要花多长时间。在大量的练习中要对自己的速度形成一定的认知。如果题目偏难偏怪，到了时间点也要果断放弃，继续作答下面的题目，保持自己的节奏与心态，争取拿到更高的分数。只要在平时练习中找到自己的节奏，找到独属于自己的"时间标记点"，就能够在紧张的答题中保持稳定的心态，而如果不顾时间始终解一道题，就很容易心态失衡导致"兵败如山倒"，既做不出难题，又影响其他题的作答，得不偿失。

除此之外，有一点也需要注意：要充分利用从发卷到正式作答的五分钟时间，拿到卷子一定要先大概浏览一下试卷的整体情况，对试题的难易和分布有一个大概的了解。浏览完之后应当还有一到两分钟的时间，我建议大家利用这段时间开始认真阅读地理选择题第一组题的题干，这样有助于增长信心，提高选择题答题的效率。

除了学习方法分享之外，在最后我想跟大家分享一些我自己对地理学习和考核的看法。

地理可以说是同学们成绩起伏最大的科目之一。再优秀的同学也不敢保证下次地理考试能够取得自己满意的成绩。任何事情我们都没法控制它100%不出现失误，但通过努力，我们能够逐渐把失误率控制在一个很低的状态。至于高考会怎么样，那不是我们能够精准控制的事情，就把它交给命运，自己问心无愧就好。保持这样一个良好的状态，我们才能更加高效地完成高考复习，才能在高考中正常甚至超常发挥，取得自己理想的成绩。这种心态对其他科目也是适用的。希望大家能够保持乐观的心态，坚定信念，坚持不懈地朝着自己的梦想努力，祝愿同学们都能够在高考中取得自己理想的成绩，考上自己梦想中的大学！

我的“理、化、生”高分秘籍

张馨月

作者简介：
张馨月，高考总分 689 分，其中语文 121 分、数学 144 分、英语 139 分、理综 285 分，录取清华大学电机系。

高中学习紧鼓密锣，堆叠的作业，接连不断的考试，看似无味的课程，绞尽脑汁的习题，冥思苦想而不得解的知识点，学习的重担压在莘莘学子肩上，我也不能幸免。但回望我的中学生涯，学习的困难多半来自方法的不当，好的方法会让学习事半功倍，也让我真正感受到学习的乐趣，从而在学习道路上坚持向前。

高中学习，每一门课带给我的快乐、困难和收获都能让我回味良久，但作为标准的理科学生，我对物理、化学和生物的记忆尤其深刻。

在我的高中时代，理、化、生还是以理科综合的形式存在，以 300 的分值稳坐高考第一大科的宝座，作为校状元，我也很有幸地利用“理、化、生”和“榜眼”拉开了将近 20

分的差距。如今虽然很多省市已经没有了综合的概念，但是“理、化、生”依然是很多学生的第一选择，实际上，变的只是考试形式，不变的是学习的方式。

“理、化、生”听着枯燥乏味，但它们并没有那么神秘可怕，反而相比于英语、语文这种需要长时间文化积累的科目，它们更具有技巧性，只要掌握了好的学习方法和答题技巧，成绩就可以实现质的飞跃。克服对“理、化、生”的恐惧，拒绝“学不明白”的刻板印象，把理科学习当作是科学的探索和求真，会让学习更加简单高效。

物理，是理解与逻辑的挑战。

和大多数学生不同，我始终认为物理学习不仅仅是与几套公式做斗争，更在于从现象出发，利用公式定理和物理学规律进行分析解剖，推理事物的发展与变化，就好像在当一个大预言家。在我的物理学习生涯中，记住物理公式只是第一步，我更在意如何理解这些公式、定理背后的意义，并尝试理解公式的推导过程，用它来解释生活中的一些现象。这看似浮想联翩，却让我更好地掌握了这些公式。我还不断地追求严密的物理分析能力，找到决定事物变化的本质。比如：在运动学和动力学中，物体的运动情况分析受到合外力摆布；在电路中，电阻才是电压电流分布的指挥官；在电磁学中，安培力其实是洛伦兹力的集大成者；等等。分析过程一是要缜密，切勿受惯性思维“唆使”，否则很容易掉进命题人的陷阱；二是要灵活，从多个角度、多个方法来看问题，就好像在写语文的辨证性作文，如此一来，往往能发现不同知识点之间的联系和奥妙。分析完后，我便只需要将相关公式一一列出，联立方程组，代值求解，一盘大棋到此便可完美收官。

我其实是没有那么“勤奋”的，合理的偷懒往往让我事半功倍，所以我一直摒弃盲目刷题的学习模式。我分析完中高考题目后，发现它们往往灵活多变，几乎不会出现原题，如果过分依赖套路思维和程序化答题模式，便会在中高考中吃大亏。其实物理题型万变不离其宗，我坚信只要把物理各种原理都吃透，不刷题一样可以在考试时手到擒来。有时，我也会遇到难以灵活运用的公式或规律，我便尝试做一些有代表性的例题，并结合参考答案不断总结归纳，将题目已知信息和求解思路有机结合，用不同的思维匹配不同特点的题目。题目在精不在多，把典型例题弄明白弄透彻，学会举一反三，一题多解，才是真正锻炼物理逻辑的方式。

另外，有用的答题技巧也能助我一臂之力。直觉是最不靠谱的解题方式，通常严密的计算会告诉我，第六感并不准确，要想得到两种变量之间的关系，最好的方法还是列出公式，进行代换，推导出因变量和自变量的直接关系式，根据关系式解题往往不会出错。而实验题便显得中规中矩很多，清楚实验原理，注意实验操作细节，归纳可能的创新方法，考试时便可以信手拈来。至于大题，我在日常学习时喜欢一题一题慢慢分析，对不同的物理过程分别列出相关公式，再选择最适合的公式形成方程组，快速求解，而在时间有限的考试中，如果来不及算出最终结果，我便力求把公式写对写全，拿满过程分。

化学，是理解与记忆的结合。

我眼中的化学自带神秘色彩，是介于生物和物理之间的一门学科，需要记忆与理解相辅相成。最基础的，我要先记住重要物质和重要元素的物理性质、化学性质，以及各个反应的反应物、生成物、反应条件、是否可逆、平衡特点等等，看似杂乱，但是利用表格归纳会显得井井有条。我常常把化学当作生活中的魔法，这样便会让化学接地气又有用且有趣起来，联系生活实际，发现化学现象在生活中的体现，并尝试自己去解释，从而用生活去记住常考的化学物质的作用。通过深入探讨各类化学反应原理、化学平衡状态下的各种变化，物质特性背后的微观原因等，我也逐渐意识到了小小的分子背后那改变世界的魔力。

“细节决定成败”在化学中体现得淋漓尽致，化学总会有一些多而散但又不可忽视的小知识点。在中学阶段，我常常准备一个小笔记本，每次看书或者做题遇到一些让我眼前一亮或者我不熟悉的知识点的时候，我都会单独把这个知识点抄录下来，考前温习一次。

化学考试中，选择题基本上依赖对书本的掌握程度。做到上述几点，选择题对我来讲便是小菜一碟。而对于考验我们知识灵活运用能力的大题，分析出题人想考的知识点十分重要。我会通过题目中的信息找到可能涉及的知识，分析可能发生的反应、可能出现的情况，再映射到书本上的原理。做多了之后，我也慢慢悟出了化学大题的固定模板和套路，每个题型考查固定的知识点，各个题型逐一突破，一边广泛浏览群题，一边分析和记录用到的原理，会让思路逐渐清晰。

生物，是理科中的小文科。

生物是一门发展历史相对较短的学科，因此生物的学习主要还停留在知识点记忆层面。所以，我把生物学习的重点放在了如何更好更清楚地记住知识点及如何与题目对应上。在学习生物时，我常常自己画思维导图，将每个琐碎的知识点归纳到一起，同时还会在每个知识点旁边标注本节的重点内容，复习时就对着思维导图一一核对是否记牢每个考点，来不及画思维导图时，我也会直接翻出考纲，一点一条地核对，记不清的，便马上翻书记忆，并用铅笔做好标记，预备三五天之后再来自我考查，确保记牢。如果忘记的不是整个知识点，而是一个小细节，我也会像化学一样，拿出"独门秘籍"——专门记背不会或者容易混淆的知识点，以及我考试中易忽略的条件、容易忘记的特殊情况、易混淆的方法等等。总结好自己的弱点，才能找到填补的方向。

既然是理科中的小文科，答题语言在生物中也扮演着重要角色，在答题时，我时刻提醒自己，一定要摆出关键术语，把自己烦琐的想法用专业的词汇写出来，而不是写一堆"废话文学"。这些专业词汇往往是书上的黑体字、老师反反复复提及的或者答案解析里面时常用到的词语。

或许我的方式不是最好的，但这些小小的方法和技巧，陪伴了我六年时光，是我积累的宝藏，它们让我从害怕"学不会，学不懂"，到考试时胸有成竹，信手拈来。直到我进入了清华大学，那些小小的技巧仍然在我更加烦琐、困难的学业生涯中散发着小小的光芒和巨大的力量。它们也在时刻提醒我，多一点热爱，多一点思考，多一点实践，多一点总结，"理化生"如此，学习如此，万事万物皆如此。愿我们都在不断学习中进步，在不断学习中充实，乾坤未定，你我都是"黑马"。

仰望星空　脚踏实地

赵诗华

作者简介：

赵诗华，高考总分 685 分，其中语文 128 分、数学 139 分、英语 145 分、理综 273 分，录取清华大学土木工程系。

如果让我用一句话来概括过去二十年的人生旅程，我会选择这一句：仰望星空，脚踏实地。人总是要树立自己的理想，才不致在漫漫长夜中迷失方向；人也总是要真真切切地去挥洒汗水，朝着梦想稳步前行。

我认为中学阶段最关键的是培养学习的主动性、自主性，这将让我们终身受益。我想，我们都需要早早地成熟起来，从自己内心深处寻找到那个能够激发和鼓舞自己不断前行的能量源泉。它可以是“赚大钱、买大房子”之类比较具体的理想，也可以是“不被别人落下”的那股不服输的劲儿。自主学习，让我们可以充分利用自己身边的资源，最大限度地获得老师对我们的帮助。高中时，我会主动找老师沟通，向老师申请是否可以不去做那些简单的习题，并请老师帮我找一些难题、我学习上薄弱方面的题，而老师们也都非常体贴地答应了我的请求。

弱势学科不要放弃，要相信自己有实力去弥补它。我的弱势学科是语文。从初中开始我的语文成绩就很一般，阅读、作文和书写都比别人差。我曾经也对语文心灰意冷过。高一下学期每周都花很长的时间在语文上，结果语文成绩不升反降，期末沦为全班倒数第一，正所谓“语文虐我千百遍，我待语文如初恋”。在那个暑假，我仔细反思了自己学习方法上的不足：整个学期把太多时间花在学习课本知识点和阅读名著上了。并不是说这样做没有效果，而是因为我底子太差，这样做提分效果不好。于是，我把更主要的精力放在语文试题上，针对具体题型进行专项提高。我先从高考题入手，暑假里做遍了三年内全国各地的高考题，精心研读标准答案，认真琢磨命题人的出题规律和考查目的，总结每一道客观题涉及的考点和错误选项的设误类型，分析现代文阅读主观题的答题思路和解题方向。进入高三后，我又在老师的指导下广泛了解社会热点，背诵一些比较有文采的作文片段并将之化为己用。慢慢地，语文不再是我的弱科，最终高考时，这一科我取得了理想的成绩。但是，这样的做法毕竟只是应试需要。如果我能重新经历一次初中，我一定会多读名著，多写作文，提高自己的综合素养。

聊完了语文，来聊聊数、理、化吧。提到数、理、化，就会涉及错题集。对“整理错题集”这五个字，读初、高中时我耳朵都快听出茧子来了，但是必须承认它是非常重要的。如果你觉得整理错题集没有效果，可能是整理的方法不对。

整理错题不能应付，错题集收录的必须是自己不会做的题、做错了的题或者常考的典型题，不要为了应付老师检查而随便抄上几道题。对于难度太大、超出自己实力范围的题，整理的必要性也不大。

整理错题绝不是单纯地把答案抄上去，一定要先看懂。我一般是弄明白了之后再独立地在错题集上做一遍，这样才会形成比较深刻的印象。如果这道题你真正明白了，其实只把核心思路、关键步骤和自己做错的原因、在哪个地方卡壳了写下来就行，不用从头到尾做一遍。

我还会把同一类型的题整理在一个地方，把新题和老题比较，总结它们之间的异同，从而把这类题型完全吃透。

错题集不能整理完就万事大吉了，错题集一定要反复去看，因为这些题反映出来的是我们知识和思维上的薄弱点，非常有价值。

如果整张试卷里有许多题都值得整理，或者是在期末考试之前的复习中，我就不会再整理错题集了，而是直接在试题旁边做好记录并装订起来，复习时看试题册就行。

接下来，我想谈一谈高三备考。

读高三时，我会把试题分成两类："平时练习"和"模拟考试"。需要说明的是，这是我自己的分类，老师平时布置的作业也可以当成模拟考试来处理。"平时练习"类的题要慢点做，不要图快、图巧，按照正常的思路和方法去做，力争"基础题不粗心，中档题多拿分"，遇到一些好题甚至可以多思考几种做法。因为平时练习是回顾基础、查漏补缺的，从练习中知道自己哪个地方存在不足、哪个地方的题不太会做，从而及时去回顾课本相应章节，复习相应的习题。而"模拟考试"类的题要快速做，能用什么技巧就用什么（例如：选择题中代入特殊值、特殊位置、分析极限状态等），一切以又快又准为原则。还要把模拟考试当成真正的高考来对待，可以给自己刻意制造紧张感，训练自己的心态，避免高考时心态不稳；掌握好做题的节奏和顺序，规划好做每一道题的时间，并在模拟考试中不断地调整优化，最终固定下来，应用到高考上。

最后，我想对高三的同学们说：当你面对一堆永远也做不完的试题，面对许多尚未弄懂的知识点，面对一次又一次的考试失利，面对难以预测的高考时，你会感到焦虑，感到麻木，感到无所适从，甚至想要放弃，但这是再正常不过的现象了。2019 年，高考前的整整两个月，我没睡过一个午觉，最终也熬过来了。当我感到焦虑和劳累时，我总会这样想：往下看看，我已经站得足够高了，是许多人心中追赶的目标；往后看看，我已经走得足够远了，离目的地只差最后一搏。想到这里，我便会重新拾起信心、振奋精神，昂首阔步继续前行。

祝愿我们每一个人，在最美的青春年华奋力一搏，鲤鱼一跃便成龙，大鹏展翅震长空！

我是如何学好高中生物的

洪宇睿

作者简介：

洪宇睿，高考总分691分，其中语文121分、数学133分、英语140分、物理100分（赋分）、化学97分（赋分）、英语100分（赋分），录取清华大学探微书院。

在高考科目中，我最有兴趣、掌握程度最好、将来最想继续从事相关工作的科目就是生物了。我认为高中生物是一门逻辑非常清晰、内容富有趣味、能给我极大自信的科目。客观上，它既有要求计算技巧的遗传概率题，也有要求博闻强识的事实背诵题，还有要求条分缕析的实验探究题，是一门高度综合的学科。但是，我感觉自己在学习、复习中，对这门学科产生了正确的总体认识，掌握了正确的学习方法，自然而然地感受到了它的各项知识之间紧密的关联，获得了游刃有余的学习体验。接下来，我想向大家分享我在高中生物学习中的一些经验。

我自己在高中生物的学习中始终坚持的一条原则是，对这门课程的任何细分知识领域，都强调联系而绝不能孤立某一知识点。例如，不充分理解“分子与细胞”中的各项生物事实，就不可能对现代生物技术产生深入的理解。我在学习或复习不同章节的时候，除了学习各个知识点之间的逻辑关系，我还会整理它们与“前序知识”之间的联系。用原理性知识解释现象性、操作性知识，既可以充分检验自己对生物学原理的掌握程度，也可以让新知识成为由旧结论轻易推理得到的延伸知识，极大地降低记忆背诵的压力。当对着书本上的原话苦苦地反复诵读但放下书本就忘时，我便选择从任意一个知识点出发，首先掌握它的终点内容，再思考回忆与之相联系的其他内容。而不一定要按章节顺序机械地遍历所有内容，结果往往能对知识产生更深的印象。同样，我也建议大家像我一样将高中生物的内容与数、理、化的相关知识进行结合。特别是与化学学科相结合，非常有利于我们建立生物知识完整、科学的体系。在我高考复习的实践中，数、理、化、生四门学科的学习就是紧密结合、不可分割的。由于这些学科之间的深度关联，我个人并不赞成抱着投机的观点选择其中的一两门作为高考科目，而建议同学们在这些学科知识的融会贯通中收获成绩和能力。

合理界定学习范围，争取在高考知识中形成所谓的“逻辑闭环”，这也是我总结出来的经验。我虽然不是严格意义上的生物竞赛选手，但也曾接触过真正意义上的生物学那浩如烟海的事实和假说，将其特点与高中生物进行了对比。除了知识容量上的极大差异外，两者带给我感受上的最大差异是，前者往往接触“未知”，需要真正的思维创新来做出科学发现；后者是整个生物学体系中精选出的核心“已知”部分，我们应当有足够的自信用限定范围内的这些原则来解决出现在试卷上的一切问题。我的高中生物老师曾反复向大家强调“以纲为纲，以本为本”，即在整个高中生物的学习中，将高考大纲作为“筋骨”，将课本知识作为“血肉”，再通过拓展、练习来细化和鲜活整个形体。我深以为然。因此，在复习备考、反复模拟锤炼的过程中，我们既不能完全抛弃拓展知识，将自己束缚在课本字句的牢笼中，也不能将练习中学到的所谓“套路”拔高到与课内知识同等的地位上。这是因为，包括高考真题在内的一切考题的知识背景只需要科学、自洽即可，而不需要与其他题目的假设保持一致。一旦遇到了“形似而神不似”的新题，那么所谓的“解题经验”甚至有误导之虞，真正能够迁移的只有分析解题的思维，而不是这些模型中的具体结论。相反，课本中的知识虽然是静止的，但一切考题都必须围绕其中的一项或几项来展开，这就意味着课本知识在有限的复习时间中性价比更高，在充足的复习时间中也应得到更高的关注。既然我们需要在高考的规则下取得自己的成绩，就应该在学习过程中使自己对高中生物知识的认识尽可能与考纲、课本的引导一致。

有了清晰的范围后，就需要具体进行理解和记忆了。一方面，我自己深感延长学习时间、提高学习效率是非常必要的。在课本知识未吃透、考试频频出现忘记具体知识点的情况下，盲目搞题海战术，挤占梳理、归纳、记忆的时间，急于求成，一定是不可取的；把握住大方向之后，可以在早读、课间、食堂排队等零碎时间上“做文章”，利用一切可以利用的时间；一旦精神不振，背诵时无法高度集中精力，则应适当地停下来，将时间匀给语文、英语等科目中机械记忆的部分，待恢复精力后再回到生物上来。这样，我在记忆的过程中每天总能有所长进，不会出现记忆模糊的现象，即使是模拟考试中较偏的填空也能从容作答。另一方面，我认为生物学科的记忆内容，不应该是教材的文本本身，而是一系列生物学概念，基本可以分为“对象”和“过程”两个方面。对于一个具体的生物学对象，从微观的 DNA 分子，动物、植物、微生物的细胞，到宏观的种群、生态系统，需要掌握的内容是其定义（对于难以界定的对象可以是特征）、参与的生物学过程及在生物学过程中关联的其他对象。而对于一个过程，则可以按“记叙文六要素”对其进行记忆，这样就可以将整个纷繁复杂的学科体系转化为一张由对象和过程交织起来的知识网。在通读了全部教材若干遍后，我就尝试在各个章节关键词的提示下复述这些内容，一遇到不知道、不确定的地方就立即进行弥补巩固。知识框架的这个构筑过程最好在上新课的时候就开始进行，如果未能达成，从首轮总复习开始也为时未晚。通过这种方式，我得以将高中生物的整张图谱都映在脑中，考试的时候几乎不会为知识点掌握不足而担心。而当整张可视化的知识网络形成后，就来到了记忆和练习相结合的下一个阶段了。

如前所述，通过自测题、模拟卷的方式进行练习，目的不是掌握题干信息本身，而是检查知识点记忆和运用的疏漏，了解生物学原理在各个实际案例中可以有怎样的变化形式。这是我在广泛搜集了全省各地市历次模拟考试的试卷、保持平均每天至少一套试卷的练习下亲身得出的结论。有一些知识并不以事实和定律的方式存在于课本的字句中，而是蕴藏在整体的叙述逻辑里，如实验探究中一以贯之的控制变量、假说演绎等思想。在书本中，奠定生物学整个分支发展基础的重要实验，往往在其设计上就严格贯彻了这样有价值的研究方法，方取得了成功。遇到这样的模型，练习后翻看答案时，模拟考试后听老师讲解时，我总是感叹题目与课本实验的高度关联。于是，对于课内的重要实验，我们不仅要掌握其思想主旨和操作细节，还需要用心体会它们体现出来的实验设计的规律。掌握了这种规律，在考试中往往能帮助我们在与原实验相去甚远的新模型中迅速准确地觅得熟知的实验方法，以此为据有条理地对生物问题做出分析。最考查数学技巧的遗传计算题，更是这类延伸问题中的优秀“代表”。它从简单的概率模型出发，却生发出万般变化，然而，建立模型的思想、分类讨论的思想、结合所学的思想、假说演绎的思想，却始终贯穿在我们列式求解这样每一题的过程中。从高二的学科水平考试，到高三的生物学科高考，每次遗传计算题的模型都极为新颖，而我都能得到相应的分数，靠的就是对生物学的遗传定律和数学的概率计算方法这些基本内容的深入掌握。

以上便是我对高中生物的一点学习建议。希望同学们能像我一样，在掌握应试技巧的同时，从这一系列瑰丽的事实和深邃的规律中体会到生物学独有的趣味，真正爱上这门学科。

我的高中数学和物理学习心得

李哲宇

作者简介：

李哲宇，高考总分 693 分，其中语文 124 分、英语 144 分、数学 144 分、理综 281 分，录取清华大学车辆学院。

数学：

高中时期，数学一直都是我擅长的一个科目。在我看来，高中数学是一个知识点总数不多、难度较小、重点在应用解题的科目。我将数学的学习大致分成两个部分：一部分是基础知识点的学习，另一部分是利用所学知识点进行解题。

第一部分课堂跟住老师所讲，不要以为自己已经会了就不听，基础知识是需要不断巩固的。对于笔记来说，我认为应该根据自己具体情况而分析，我会根据知识点难度和自己的学习状态选择是否记笔记，记笔记一定不要形式化，不要为了做笔记而做笔记。其实经过做题后，大部分公式、概念应该已经十分熟练了，所以我记笔记的目的更多是在学习初期让自己对于所学知识点形成一个框架，这一点不仅对于数学的学习，对于所有理科知识的学习都是十分重要且容易被忽视的。

第二部分是应用公式、概念来解题。前期应该多做简单题和中等水平题，用来巩固基础知识。基础较薄弱的同学更应该重视简单题和中等水平题。这两类题前期时我会慢一点做，确定好每一步的公式，以及应用这一公式的原因，这样可以提高做题的正确率，巩固基础知识，同时，对于做出较难甚至压轴题也有着很大的帮助。

当我做中等水平题、简单题的速度和正确率已经达到一定的标准时，再去花时间研究难题。我不会因为周围同学等环境因素的影响，而无脑地去做大量难题。只有对基础公式掌握熟练，经过足够数量的简单题和中等水平题练习后，对应用公式的条件及应用方式也很清楚后，研究难题才会有效果。否则，你做比较难的题会毫无思路，而看到答案后发现每一步似乎又都能看懂，几天后再遇到这类题（甚至是原题），你依然没有思路。久而久之会陷入这样的循环。我在高中时有几个月都存在着这种困扰，越是这种情况越是想多做题，但效果却并不是很好，对自信心也是一种打击。后来我终于明白了，当你做题时不会、看答案能看懂但不知道答案为什么这样做的时候，你盲目去做较难的题是不能解决根本问题的。每次做完一道较难的题目后，即使对了，我也会在看完答案后进行及时总结，仔细思考答案中每一步是用了哪一个知识点中的哪一个公式、哪一个数学方法、哪一种数学思想，并分析答案是通过已知条件的哪一个点得出的这一步骤，再由哪一个线索得出后续的计算过程，同时在脑海中对于自己当时做题的思路和过程进行“复盘”，思考自己是哪一步没想到或是想错了，而这个错误是因为没看到某一隐含条件，或是对于题目某处理解错误，或是……有时我也会适当记录，写下自己通过这一道题的收获，隔一段时间再来看一看。刚开始运用这种方法时，我刷题的速度会变慢，因为相当于每道难题在做完、看完答案后，我又做了一遍。但几周后我便发现，其实难题的套路并不复杂也并不多，我从前理解不了的答案的一些“操作”，也会很容易想到。实际上高中数学的知识点和解题方法并不复杂，是有限的，所谓的难题无外乎是多个解题方法的综合，或是给题目加了很多“装饰”，而运用上面的方法实际上就是“抽丝剥茧”，对题目的本质进行研究，用“出题者”的视角进行分析解题，自然无论哪个水平的题目都可以比较容易地做出来。

学习数学时，一定要对自己有信心，每个人都有“一道题好久也想不出来”的经历，但无论何时都不要否定自己。在数学的学习中，我会根据自己的学习情况制订相应的计划，比如这一周多看看基础知识的笔记，下一周可以去研究一些练习册上的难题，再下一周主要回顾之前记录的题。

虽然上面介绍了很多攻克难题的方法，但数学学习的重点一定不要放在压轴题这种难题上，基础知识掌握好后，多做中等水平题和偏难题。这些基础打好后，难题实际上也会自然而然地成为中等水平题，而适当地做一些压轴题可以拓宽思路，对我们的数学学习是一种激励。

数学的学习是日积月累的过程，需要付出很多汗水和时间。保持自信的心态，在学习知识的同时不断摸索更高效、更适合自己的数学学习方法，高中数学其实也会很简单！

物理：

在我看来，物理学习方法与数学学习方法有很多类似的部分，前面数学学习方法的介绍对于物理的学习依然奏效。

与数学不同的是，物理与生活的联系显然会更紧密一些，因此在解题时，我们要学会利用生活常识但不依赖于生活常识。在我做完一道题进行检查时，或是在排除某一选项时，我有时会利用一些常识，这样很快就会得到结果。但在时间充分而且计算并不复杂的情况下，尽量还是靠物理的方法进行解题，有时出题者也会刻意避开常理来“误导”同学们。此外，我在做物理压轴大题时发现：这些题不过是很多简单题、简单模型拼接在一起，其主要难度一是审题，二是将复杂的过程模型拆分成多个简单模型。对于审题，我建议大家一定要仔细慢慢审题，即使要节省时间也不要在这一步骤上节省，我的习惯是用笔将数据及一些重要条件画出来，这样不仅可以让我们后续思路更清晰，也不会犯一些低级错误。对于“拆分”，这一点同数学一样，一定是大家对简单题、中等水平题的题量有了一定的积累，对简单的物理模型有了比较深刻的理解，才能更容易做到这一步，这样在复杂的物理过程中能够由条件发现自己熟悉的简单模型。在做难题时，我会刻意去思考这些物理过程由哪几种简单模型构成，并在做完题总结时，将这些简单模型都记录下来，这样会让我对这道题的思路更加清晰。当我尝试用一些模型去归纳做过的题时，有时会发现截然不同的两道题本质是相同的，这就是我总结解题方法的过程，这样自己总结的方法比我在辅导书中看到的解题方法更加印象深刻，通过这一过程，我的物理思维能力也有所提高，即使从前没遇到的题也能做出来。

我在学习物理时，重点还是放在中等难度的题上面，我认为掌握中等难度的题是攻克难题、提高解题速度的基础，对于做错的题，我虽然有时不记在错题本上，但会在错题旁边标注好做错的原因，即使是很简单的错误也会记录下来。

物理对于有些理科生来说是一道难关，还是那句话：相信自己，在学习知识的同时摸索更高效的物理学习方法，相信大家的物理成绩都会有所提高。

我的高中语、数、英学习方法

吴俊昱

作者简介：

吴俊昱，高考总分 683 分，其中语文 123 分、数学 126 分、英语 147 分、理综 287 分，获得清华大学强基计划初审良好资格，最终录取清华大学行健书院，攻读理论与应用力学和土木水利与海洋工程专业（理工双学位）。

语、数、英是高中绝对的主科，占高考 60%的分值，打好三门主科的基础以后，才有追求数、理、化或者是政、史、地提升的底气与实力。

语、数、英三科的学习方法各不相同，但是都要注重平时的积累。下面我将结合学科特点与自身学习的经验，分享语、数、英的学习方法。

一、语文部分

1. 重视课本内容

语文课本的重要性在所有科目中可以说最为明显，又最不明显。大家都很清楚，语文考试有一道固定的大题，就是课本原文默写，因此我们都会有意识地背诵课本内容。但是大家对课本重要性的认识往往也局限于此，很多人只会囿于考纲要求，囫囵吞枣、不求甚解地背诵那几篇固定的文言文、古诗词。但是，课本是巨大的素材宝库，是构建语文思维体系、培养学生思考和分析问题方法的基石。

越临近高考，就越有同学抱怨阅读题看不懂文本，抱怨作文找不到写作角度与合适的素材，其实这些问题都可以从课本中找到答案。课文可以说是高中生能够接触到的最权威、最经典的文章。对这些文章，教辅书与老师也都进行了全面而深刻的分析。相比直接刷那些多如牛毛、泥沙俱下的模拟题，看那些连自己都说服不了的文本分析，静下心来好好看一看课本，反而能够让基础不太好的同学找到剖析阅读材料的方法。尤其是鲁迅先生的文章、《过秦论》、《出师表》等，高中时期的我就反复分析其行文思路。此外，课本中的好词好句也是数不胜数，如果能够在作文里直接引用，或者作为自己议论的论据，都是能够让老师眼前一亮的。课本还能培养我们基本文学素养，古人云“知人论世”，在文言文阅读与古诗词赏析时，如果发现作者是课本上出现过的人物，那么就可以结合在课本里学到的人物时代背景、写作风格分析题目，事半功倍。

2. 现代文阅读技巧

在学好课本内容、打好语文学习的基础之后，有些同学往往会感到：现代文阅读分数在短暂的提升后遇到了瓶颈。遇到这种情况，首先要摆正心态，先不要怀疑自己的学习方法，也不要破罐子破摔、自暴自弃。这时候可以把语文学习的目标定得更加明确，如要求自己提高应试分数。但是，没有前期的积淀，想要直接快进到提分阶段是不现实的，要正确看待两个阶段的关系。我当初就曾陷入片面追求分数的误区，忽视了课本积累，导致成绩陷入瓶颈难以提高。后来在老师的建议下重拾课本，才慢慢提升了成绩。

进入高考复习阶段，学校通常会发放系统复习材料，我们可以利用好这些材料，总结每一类阅读题的常见题型、答题模板。比如说论述类文本阅读，常见的题型有“对原文论证的分析不正确的是”，常见的设错点有语义绝对化、扩大化，偷换概念等；文学类文本阅读，常见的题型有概括文章主要内容和中心思想、赏析语句、分析人物情感等。每一种题型都有固定的分析思路与答题模板……这种形式固定的题目在模拟题、高考题中占多数，只有平时提前做好准备，总结应试规律，在考场上才能运用自如、有备无患，确保不扣冤枉分。

此外还有一些应试技巧。比如在答题时先看题干，再看文本，这样就能“带着问题与目标”阅读，提升阅读效率；在阅读时多动笔，画线、批注、做记号，都是提升注意力，理解作者写作心态的好方法。

3. 作文提高

语文考试的最后一关，也可以说是最难的一关便是作文。现在作文主流题型是材料阅读作文，即阅读给定材料，发表自己看法。很多同学表示自己看完材料后没什么深刻独到的见解，担心写不好作文。其实这都没有关系，作文评分是多维度的，立意只占一部分。只要我们的文章结构清晰、论证合理、论据丰富、中心明确、没有前后矛盾，就能得到不错的分数。所以我们可以按照凤头、猪肚、豹尾的结构安排文章内容：开头结尾以排比、比喻、古文等形式吸引老师，点明主旨，前后呼应；中间使用正反对比论证、比喻论证等多种论证方法与古今中外丰富多样的论据，来清晰地表明分论点。做到以上几点，文章即可达到上游水平。

如果想要达到上上游水平，就要从立意上下功夫，这需要培养自己的思维逻辑能力。简单的培养方法有两条：一是大量阅读文史哲类书籍；二是阅读《人民日报》等官方媒体的权威社评。大部分人对文学、史学类书籍尚可接受，有阅读习惯与积累，但对哲学书籍可能了解较少，觉得难度太大读不下去。在这里我推荐一套简单的入门哲学书——《毛泽东选集》，尤其是其中的《矛盾论》《实践论》《论持久战》，都是认识论与唯物辩证法的极好体现。而且全书语言通俗易懂，权威性强，放在作文中是极大的亮点，还能帮助大家学习历史，一举多得。第二种方法较为简单，我在高三时关注了几个官媒微信公众号，在一些重大社会问题上找到了分析方法，遇到相关题材的作文就可以顺着思路写下去了。

二、数学部分

1. 构建数学知识框架

高中数学的知识点主要分为几何与代数两个部分，每个部分下面有很多分支，互相也有许多交集。如果每部分都只是割裂地学习，面对选择题、填空题的压轴题部分往往束手无策。我们要意识到，代数问题（如导数大题）也常常需要画图形辅助理解，几何问题（如立体几何）也可以通过方程化抽象为具体，降低难度。

构建知识框架可以参考市面上的教辅书，教辅书上涵盖了大部分考试内容。还要记得回归课本，尤其是选修课本。因为教辅书主要根据过去高考题与模拟题梳理知识点，而高考每年都会出现一些全新的题型，考查的知识点往往较为生僻，只有回归课本才能有所准备。

2. 做好“两本”

数学作为典型的理科，需要大量刷题，但刷题太多又容易陷入同质化，产生遗忘。我们可以利用“错题本”与“好题本”来避免上述问题。

“错题本”用来记录自己考试时错的、有代表性的问题，记录老师、教辅书总结出的常见的理解题。如果只是偶尔计算出错的题，或者是因为太难而不会写的题，就没有必要记录上去了，我们尽量让“错题本”的内容专一化。“好题本”用来记录一些让你印象深刻、有反复思考价值的题，如解题方法新颖、题目难度大、一题多解、解答利用二级结论的题目都可以放上去。

在制作“两本”的时候要注意方法，提高效率。比如多用“剪刀+胶水”摘抄题目，不要害怕破坏试卷。在这方面我曾经走过一段时间弯路，常常浪费大量时间把题干誊抄到笔记本上，陷入一种低效的自我感动，现在想来实在是很可惜也很可笑，希望大家以我为戒，不要照抄原题目。因为这“两本”是写给自己的，所以可以用一些记号化简书写，也不用将答题过程和考试一样写得面面俱到。所有题目最好按照知识点分类放置（可以利用活页本做到），按照时间顺序一个个写上去，这样便于复习时查阅。写完题干与解答后尽量多留批注与总结，写清记录这道题的意义，并且以后每次查阅时也可以更新补充。

“两本”做出来后一定记得时时翻阅，不要让它们成为摆设。最好每周或每天固定一个时间（茶余饭后，或是睡前）进行翻阅，总之需要养成使用“错题本”“好题本”的习惯，不要浪费自己前期投入的心血。

3. 培养答题习惯

有些题大家考试时就是写不对，但是如果作为作业练习，又能正常完成。这就是考试心态与答题方法不佳造成的。

考试时如果遇到难题，我们往往陷入紧张情绪。要缓解这种紧张情绪，我们可以在平时养成固定的答题顺序，预设固定的答题时间。如果遇到难题，在超过预设时间没有做出后，放轻松，别再去想它，直接去做后面的题目，把该拿的分数拿到手。按照顺序把试卷答完一遍后，再回过头来处理难题。如果还是不会做，小题可以写上常见的答案，大题可以把自己有把握的解题部分写上去，中间用“显然”等含糊性的语句连接，最后猜一个结果写上去。总之最好不要空题。

在答题时，注意保存草稿，保持良好的书写习惯。草稿写得乱，不仅这一题的分析思路容易受到影响，后面检查也不好查找。我当初习惯给草稿纸每页标上页号，并左右对折分栏，每一题的草稿也标上题号，写在一起排成“方块”状，这样写起来不但思路清晰，自己还有几分成就感。数学大题答题过程也是有给分点的，阅卷老师往往根据你的公式、中间结论按点给分。所以大家不要就只关注答案，敷衍中间过程。可以多看看高考真题的评分细则，总结给分点的规律，注意以后解答题目的逻辑，并写上必要的公式、过程与论述性语句。

三、英语部分

1. 关于背单词

单词是英语的“细胞”，词汇量大才能在有限的时间内读懂试卷上一篇篇长文，才能在写作时妙笔生花，避免词不达意。很多人意识到了背单词的重要性，并付出努力尝试扩大自己的词汇量，但是效果不佳，《××必背 5000 词》半年了还停留在“abandon”。

要提高效果，首先选好背单词的工具。自己的单词本当然是最基础的，但是整理记录时最好按照一定的规则分类，比如同一词源整理在一起，或者近义词、反义词整理在一起，建立单词之间的联系，这样便于提升记忆效果。如果你选择《高考英语词汇必背》这类书籍，最好选择乱序版。信息化时代，我们还可以使用背单词的 APP 辅助学习。使用 APP 学习时要制订学习打卡计划，按时复习，收藏好词、生词都比较方便，而且里面单词图文并茂，还可以随时调整学习进度，查看高频错词。我使用 APP 背单词后，学习效率立马得到了提高。

其次就是养成背单词的习惯。我们可以利用碎片化时间背单词，但是不应该把它作为主要手段，因为对大多数同学（尤其是基础薄弱的同学）来说，在这种时间里难以集中精力完成类似背单词等枯燥且难度大的任务。所以我们最好还是利用整块的、高质量的时间背单词。可以从“强制自己在一周内，每天固定时间背 15 分钟单词”开始，逐渐养成背单词的习惯。

2. 培养“语感”

很多老师都在上课时强调过“语感”这个概念，尤其是在师生就阅读理解、完形填空、短文改错等题目答案的合理性陷入争执、各执一词的时候。有些题目要在几个语义相近的选项中做出选择，这就强迫我们必须判断哪个选项更贴合上下文、符合英语表达习惯。如果一个人语感好，换言之，直接、迅速地分析、理解、体会语言文字的能力强，那他就能够做出更加准确的判断。

语感是一种经验色彩很浓的能力，牵扯到学习经验、生活经验、心理经验等多方面因素。但语感也不是没有培养的方法，最直接有效的方法是把人置于英语环境下。比如阅读英文原文，与英语为母语的人交流。比较轻松、容易坚持的方法：看《Yes, Minister》《Yes, Prime Minister》《Sherlock》等英剧、美剧，听英语歌曲，看英语原著小说、诗歌、报纸、杂志等。我当初喜欢看的美剧是《生活大爆炸》，英剧是《神探夏洛克》，每到周末学习压力大的时候，就点开网页看两集，在偷懒中释放压力，并且注意他们的措辞，提升语感，一举两得，可以说是双赢。

此外还应该在实践中检验自己的语感，可以找全国各地的高考真题做一遍，看看还有没有觉得答案有待商榷的题目。如果有的话，尽量理解出题老师的意图，并学习题目中包含的语法搭配，避免下次再犯错。

3. 作文提高

相比语文写作，英语写作的要求较低，不对文章立意做过高要求，只要按照题目要求完成“指定动作”并表述流畅即可。所以，对于英语写作，平时的积累更加重要。在高考复习教材时通常都会总结英语应用文常见题材并给出模板，我们不必一字不差地背诵模板，但是应该学习其中的好词好句，学习开头和结尾的方式，学习各种文体的文章结构。作文素材的积累除了来自教辅书、之前提到的单词本，还可以来自试卷本身。平时刷题时，文章中出现的地道的或少见的英语表达习惯，都可以记录下来，放在作文中可以增色不少。

英语写作时还容易忽视一点，就是一定要完成题干指定动作，不能有所偏废，更不能直接忽视遗忘。比如说，题干要求你给英国友人写一封信，介绍最近学校举办的活动 A，要求介绍活动 A 的主要内容 B、C、D，并允许你适当增加细节。那么在写作过程中，首先要体现写给“英国”友人，否则阅卷老师可以认为你遗漏了信息；其次要介绍活动 A 的时间、地点、主题等基本信息，以及 B、C、D 三点主要内容，三点各自占据的篇幅不宜相差太大；最后应该适当补充细节，比如同学参加活动的体会等等，否则会显得你写作能力有限。

还有一方面需要注意，就是英语作文卷面。高考英语写作的字体比较推荐写“衡水体”。我自己练习的就是衡水体，这种字体容易速成，阅卷时清晰整洁、辨识度高。不推荐练习“意大利斜体”等较为花哨的字体，一是练习成本高、难度大，二是因为这种字体就像汉语草书一样，有连体、变体存在，给阅卷老师带来了困难，这些字体最好只在生活中使用。写作时还要尽力避免涂改；避免使用连字符；保持每一行两端对齐，不要从右边看每行文字参差不齐；段落以五段为佳，不要各个段落之间行数差别过大，影响文章美感。

剑指满分——四阶段理科学习窍门

钟牧言

作者简介：

钟牧言，高考总分 691 分，其中语文 123 分、数学 150 分、英语 140 分、理综 278 分，录取清华大学电子系。

在理科学习方面，我有独特的一套方法，这套方法分为以下几个阶段。

第一个阶段是知识获取阶段，这一阶段的主要形式是听新课，即第一次听老师讲授相关内容。

课堂学习在知识体系上是连贯的，但不代表学生能完整地吸收。学生初步吸收的知识，往往间断、零碎，不能形成完整体系。我自己的体验是，在听完新课后，往往很快便能完成简单的练习题，但做题的方式是一种简单的、由例题到习题的举一反三过程，而不是由基本概念到方法的过程。可以想见，这一阶段里，对知识的掌握并不牢固。

第二个阶段需要加深对基本概念的理解，理清知识之间的联系。我认为这是我学习最重要的一个阶段，但有些同学并不重视这一点。

在初、高中阶段，理科的教材内容可能并不能深入学科本质，但整个考纲，可以说自成一套体系，内部的逻辑是紧密连贯的。我认为如果要获得非常高的分数，就必须理清这些逻辑。在数学、物理学科上，学生有必要自己推导老师讲授的所有公式，更进一步来说，需要知道“为什么要有这个公式，它可以用来解决什么问题，适用条件是什么”。依靠这个过程，可以培养连贯的逻辑思维，更重要的是，可以发掘问题之间的相似性，从而形成一种更高层次的学科理解。例如：在学习高中数学的三角函数、解三角这一章节时，首先很有必要自行证明诱导公式、和差角公式、正余弦定理。自己能将这些公式、定理证明出来，自然就会理解这些公式、定理之间的关系和它们的适用范围。很多同学认为“我会用这个定理就行，不用管它怎么来的”，这样说是大错特错的。事实上，在解决具体问题时，公式推导中用的一些技巧与思路，往往也适用，甚至最为关键。如大家常常说的“奇变偶不变，符号看象限”，为什么需要“看象限”呢？只要我们理解了诱导公式的证明过程，就不难回答这个问题。

第三个阶段需要形成“做题技巧”，提高做题的熟练度。

解决问题标准比推导公式难，难于解决题目的思路（或者说范式，笔者强调它的抽象性）往往隐藏在题目背后，是由出题者刻意去设计的。同学们如果不能敏锐地察觉这些解题的范式，便会进行许多无效尝试，虽然最后也能做出来，但做题速度始终不能提高。仍然以高中数学的解三角形问题为例，通常来说我们需要对题目的条件进行一些转化，然后求解一个最值问题。那么便涉及我们用“边长”去表示这个目标函数，还是用“角度”。在开始动笔之前，就应该提前考虑选择哪种表示方法，根据经验判断两种方法后，再开始推导。解题速度的瓶颈，往往在于开始做题前对题目的综合直觉判断。但我常常碰见一些同学的解题方法完全不依靠这种直觉判断，他们会先“套公式”，根据题目所给条件，把记得住的公式全都套一遍以得出新的条件，接下来又根据新的条件继续找公式，整个过程可谓穷尽其所学。但解决一个问题常常并不需要那么多公式，在高考数学里，每一道题目都有其相对固定的复杂度，我们不需要也不能花那么多的时间去进行类似穷举的尝试。

那么所谓的做题技巧，应该怎么去培养呢？我自己的方法是，每天都要花费一定的时间在脑子里做题，不动笔。在脑子里做题的目的，正如之前所说，是培养一种对题目的综合直觉判断能力。例如：对一道数学题而言，需要在用最少的时间思考“因为×××条件，我多半需要用×××方法”“这道题的瓶颈在计算××上”“出题人想考查××技巧”。这也就是所谓“题感”。我认为，这种“题感”的培养，只依靠简单的量的积累称不上有效率，它需要我们主动地去探索，去尽量培养自己的思维灵活度。

第四个阶段是查漏补缺、提升思维严谨性和计算准确度的阶段。对于基础比较好的同学，这一点通常是他们最头疼的问题。

到了高三，大家普遍会遇到瓶颈，即考试的分数不再是持续上升，而是原地浮动。就我自己而言，每次考试结束和同学交流时，总会有人说“啊，这么简单的题我算错了”“啊，我怎么可能错这个呢”“我又看错题了”。到这阶段，老师通常已经不能给予指导了。事实上，老师的经验足以让同学们解决许多共性的问题，但针对每一个同学这些因“粗心”而犯的错误，老师也难以总结出一套完整的方法。主观上，同学们也未必非常有动力去解决这些问题，因为投入与结果太不成比例，一个学期的努力，带来的考试分数提升可能只是个位数。我自己的经验是，不要认为解决这类问题只能靠做题量的堆积，要积极地对错误进行总结，对每一类问题形成一个易错问题的列表牢记于心，在检查时逐项核对。克服自己的思维惰性是非常重要的。在解题时，尽量从最基本的概念入手，“解耦”那些已经过于熟悉而形成思维惰性的步骤，这样才能做到万无一失。当然，要做到这一点必须依赖于前三个阶段的基础。

总结一下：我认为备考中，高考理科科目的要点是比较明确的，一方面，要努力深入思考，培养思维能力或者题感；另一方面，要通过量的堆积来提高做题效率，有了十足的效率之后，便可以查漏补缺，尽量从最基本的概念入手解决问题，避免“粗心”带来的问题。

第三篇　备　考　篇

你看见了吗，我在岸这边等你

曹流

作者简介：

曹流，高考总分 678 分，其中语文 115 分、数学 140 分、英语 140 分、理综 283 分，获清华大学国家专项录取资格，先后就读于清华大学工程物理系、电子工程系。

2003 年出生的我遇到了高考延期。得到这个消息，在家里闭关了快四个月的我只觉得熬出头的日子真是遥遥无期。作为老师眼中的尖子生，早早地被班主任劝回家：“我觉得你在家学习的收获会比在学校大。”

我在家里的四个月，每天都处在书山书海里。那些“特别版的高考直通车”“特别版的试题调研”时时刻刻提醒着我：你又多了一个月时间。多了一个月，不知道是一件好事还是一件坏事。坏事吗？可是这一个月我要是有所提高呢？好事吗？但是这一个月我真的能保证自己的状态不会发生起伏、情绪不会出现逆反吗？这些假设都有可能，没有人能给我一个标准的答案。莫不如安慰自己：相信这一个月里会有奇迹发生。

一场回忆的开头总是苦涩的，这是人常有的情感。转念一想曾经的生活，单调重复的节奏里也能让人寻欢作乐。

早上起床后仍然感觉很困，我爸拉着我下楼去打一会儿羽毛球，回来的时候吃着每天都一样的面条和每天味道都不一样的鸡蛋酱。

每次吃完晚饭，我爸都开车带我去运动场打篮球。打完一波之后还会来个“锐评”：哪个打得不好，哪个球没上进。

吃午饭的时候，我拿着我妈的手机架在餐桌上，一边吃饭一边看当天的 NBA 回放。

古人秉烛夜游，生活是单调乏味的，没有人能保持机械的状态来应对那额外的一个月。最好的调节剂就是找到爱好，在纸笔之外寻找桃花源，虽无良田美池桑竹之属，但仍怡然自乐。

长大只是一瞬间的事。回忆到这里突然停了下来，想到上面的场景竟然都和我的父母有关。浅浅地扣一下主题：祝高三的同学们可以早些懂事，和父母维持一个良好的关系。脑海中仿佛又有另一道闸门被打开，汹涌的洪水拦也拦不住，跳跃到指尖。我不知道其他同学的情况，我在家的日子里，父母一直陪伴着我。小时候作文中曾写道：“像小鸡啄米一般用小拳头捶着妈妈的背。”在高三的最后两个月，我妈妈在我后面，弓着腰，揉着我的肩膀。敲击的声音有两下，一下是她捶着我，一下是她捶着自己的腰。

你很难在一个地方生活 18 年而不受其影响，我说的不是成绩，而是精神。东北这片深厚的土地教会了我大气磅礴，教会我不计较“一城一池之得失”。心态很重要，总会从各种各样的人口中听到“你要保持好心态啊”“你要维持好状态啊”等，可是发生在自己身上的时候总觉得有一些不真实：我的心态挺好的呀，我的心态真的会变得不好吗？这种不真实的状态似乎一直持续到了高考的前一天。也是直到高考的前一天，我才有一种感觉：不去清华的话我会去哪儿呢？那一天我觉得考清华是一件很自然的事情，是一件命中注定不会躲避的事情。这才是真正的心态吧。我希望你们也会找到那种命中注定的感觉，那不仅仅是心态，更是高中三年沉淀出的自信与底气。我很感谢家乡文化带给我的心态，让我们最后额外的一个月依然有心劲说出“不过如此”“小事情”。这股心劲伴随了我高考前的最后一个月，更伴随着我大学两年的生活。

高考开始的那个早上，我拿着我爸的手机疯狂地单曲循环《miracle》。进入考场的时候是什么心情我还真的记不清了，或者说也可能没有心情。当我的心态已经强大到“除了清华我还会去哪儿”的时候，一切都不及我在考理综的时候“提前答完卷走出考场上个厕所”的魄力。

高考结束的那个下午，走出英语考场，考试考了三年的后遗症使得各处家长和孩子喜悦的声音听起来仍然是那段 15 分钟的英语听力。

回忆总让人们记住一些什么，我也不免落入俗套。想起和父母微妙却又温暖的关系，想起我曾经调整的心态，想起来我做出的改变，让此时端坐在计算机前码字的我像极了当时挠头苦想压轴题的我。这些与其说是高三的备考心得，不如说是在追忆我的高三，从记忆的胃里反刍那些感动和笑容。走过来的过程可能因人而异，可这闯过独木桥的方式，希望可以给在岸这边的你一丝安慰。

同学们，我在岸这边等你。

一个竞赛落榜生回归高考

俞欣汝

作者简介：

俞欣汝，高考总分702分，其中语文129分、数学139分、英语135分、选考物化生300分（赋分制）。2019年参加清华大学在浙江的“三位一体”综合评价招生，通过物理基础组考核，录取清华大学土木系。

高考政策就是高考教学的指挥棒，我们2019届高中毕业生正是浙江计划推行“三位一体”招生的第二届学生，我们有着最多的考试机会：高二起每年都有两次选考学考机会，英语共有两次考试机会。高考教材的改革也让我们面临着：一旦失败，你将需要从头学起。

这一年所有浙江考生都面临着新高考政策带来的冲击，大家都在迷茫中小心翼翼地摸着石头过河——是加入竞赛的新赛道，还是一心冲刺高考？是跟着学校新请来的金牌教练走物理竞赛，还是选一门自己喜欢的竞赛科目？是选择相对学习强度弱的政、史、地，还是选择自己擅长但竞争激烈的物、化、生？如果竞赛落榜了该怎么办？如果选择高考但失误了又怎么办？

第一阶段，竞赛为主，奋力冲刺

刚进入高中，我在学校安排的学科竞赛分流中选择了数学，一方面我自己非常热爱数学，另一方面也是因为数学竞赛与高考的相关性更大。在前三个学期，我除了上课与完成平时作业，几乎将所有时间用来做数学竞赛题，将全国数学竞赛初赛试题集刷了两三遍，并在学校和老师的组织下利用假期认真参加竞赛训练。

由于缺乏知识的沉淀和对数学的系统性思考，直到高二上学期，我并没有取得竞赛或是高考上的任何成绩，甚至在家乡县级市组织的数学竞赛中也没有取得任何名次。同时，我虽然没有落下高考科目的学习，但始终没有拿过高分。高二上学期的第一次学考中政治科目我也只考了C。我愈加迷茫和怀疑，觉得自己前途未卜、努力空付。

但我又是幸运的。失败让我不断思考自己的学习过程，剖析自己，反省自己。不是所有的努力都有结果，但最好的结果往往都是努力的结果。这一阶段失败的经历让我明确了自己的方向——以高考为主，利用竞赛中收获的知识与方法取得高考中的相对优势。

第二阶段，努力学习，竞赛与课程兼顾

在每天分秒必争哪怕是下课时间也绝不放过的高中生活背后，我也有在埋头学业竞赛时是否应该悄悄按下暂停键的踟蹰，也怀疑过自己是否太过盲目，问过自己到头来会不会忙得一场空，但这一场高考的竞赛中耕耘栽种的花总会在路旁结出硕果，提醒着我不要在暂时的阴霾中忽视了周围的风景。

第一阶段后，我认真反思自己的学习态度，摆正心态，总结失败教训。我也鼓起勇气走进办公室，主动与每一位任课老师分析我的学业问题，最终决定将重心回归高考。虽然也参与竞赛训练，但我的得失心不再那么重了。峰回路转，柳暗花明，这反而让我在高考和竞赛上取得了小小的进步。

我先是参加了数竞省赛，获得二等奖，这是我将重心回归高考后从未想过的成绩，给了我极大的鼓励。此后选考物、化、生一举取得 300 分，政治学考也在第二次考试中取得 A，这些正向反馈让我更加自信。

同时这个阶段我也开始跑步，校长号召我们应当“文明其精神，野蛮其体魄”，我深受鼓舞。虽然从未受过专业训练，但跑步的魅力很快吸引了我。一开始，我只是利用每天晚自习的课间 5 分钟或是早自习前的时间到操场上跑步，后来，当内心焦躁、自己喘不过气时，我就会选择多跑一会儿，就像和自己聊一个很久的天。运动让我更加乐观，也更加坚韧。随着汗水浸湿过后背，学习效率也有所提升。这段时间里我完成了自己人生中第一个 5 000 米跑，甚至参加了高三校运会的女子 1 500 米。从毫无体育训练基础，成长为校运会 1 500 米第四名，我受益良多。

跌倒或者踩空又有什么关系呢，在此之前我们已经勇敢向前迈进了很多很多步了，这就足够了。

第三阶段，放平心态，备战语、数、英

在省赛与选考都结束后，我终于可以全身心投入到语、数、英的学习中了。也许心里有了一定的底气，反倒不期待何时可以“博观而约取，厚积而薄发”。由于有一定的竞赛基础，数学的学习非常顺利。但语文和英语却成了我最大的短板，在高三上学期期末统考中，我的数学超过 140 分，英语超过 130 分，而语文成绩却不到 100 分。知道成绩后，我主动找到语文老师，在办公室里用整整一周的晚自习时间和老师一起逐题分析错误情况，有针对性地查漏补缺，明确失分原因；同时利用其他同学二次备战选考的时间向老师借阅了大量的杂志与书籍，保持一定阅读量，这让我的语文成绩有效提升。

到了 4 月份，我的语文成绩相比之前已经大幅提升，数学始终保持稳定，唯一不足的是英语始终无法取得高分。因此我再次找到英语老师，利用课间 5 分钟请老师为我单独讲解阅读题，买下“四六级”辅导书进行大量练习，最终在老师们的帮助下，我的英语成绩终于有所提升。

最后的阶段我已经有了大量的知识积累，只需要保持状态和避免意外。不巧的是我恰好在临近高考前发烧并导致鼻炎，必须输液。于是我妈妈来学校外陪考，手忙脚乱地迎来考试，但考试成绩不负自己的努力。

即使生活并不总是顺利的，也不妨碍我们去努力；即使现实充斥着没办法和无可奈何，我们也要一次次去冲刺。

想做的都去做吧，哪怕失败了也不要害怕，最坏的结果也不过是大器晚成而已。怕什么，所有的努力终将会有匹配的结果，不要太着急，不要太功利，认认真真、尽心尽力去做自己认为应该做的每一件事情，未来的你自然就能收获丰厚的果实。

但行好事　莫问前程

——回顾我的高中生活

邵元祺

作者简介：

邵元祺，高考总分 701 分，其中语文 130 分、数学 133 分、英语 143 分、理综 295 分，获得北京大学“筑梦计划”10 分加分，最终通过专项计划进入清华大学自动化系。

高考已经过去了近两年，现在回顾高考及高中三年的情形，既希望能够让自己再次从中汲取经验，也希望这些经历能够帮助正处在这个人生关键节点的大家。

关于高中三年

高中三年就像是漫长的马拉松，我经历了许多事情，状态也起起伏伏。在这三年里，我在学习生活的心态调整上有一些心得。希望这些心得能够帮助各位。

首先，要拒绝“假努力”。我认为的“假努力”是让自己看起来每时每刻都在学习，然而实际上却是只有身体看起来在学习，而思想不知道已经飘到哪里。

这些“假努力”固然会让大家觉得你“勤奋刻苦”，甚至也会骗过自己，但等到考试过后或者是需要检验学到的知识的时候，却会发现好像自己什么也没学到。有人可能会说“明明我已经那么努力了，为什么还是考不好”，其实你说错了，你只是很辛苦，但你并没有真的在努力。努力学习并不需要你每时每刻看起来都在学习，也不需要你不吃饭、熬夜去写作业。努力学习只需要你在应该学习的时间，集中注意力，提高自己的效率；关键在于把不会的知识点学会，而不是把空白的习题册填满。

其次，要相信自己的付出。

有的同学可能在拼命学了一段时间之后，发现自己的成绩没有起色，甚至排名还在增加，然后就沮丧地认为努力没有用，或者是觉得自己就这样了。但我认为，你所有的努力总会得到回报的。我高考那年在家上了三四个月的网课，这段时间被我利用得很好，我每天坚持做摘抄，从网上找许多数学结论。做这些工作并不会在当时就有反馈，但这些付出给了我一种自己在为自己的高考目标行动的踏实感。无论过程再曲折，你都要相信自己的努力，相信自己付出的汗水。当然了，在具体的行动过程中还是要注意及时调整方法，避免“假努力”的出现。

关于高考

高考时总会遇到各种各样的突发状况，高中三年除了需要掌握好高考的知识外，还需要在一次次考试中养成一种不以物喜不以己悲的心态。高考时我也出现了很多状况，在这里既有经验也有遗憾。

最大的遗憾在于自己当时陷入了思维定式，2020 年全国一卷的数学有一道导数题，难度并不高，但做法比较取巧，需要分离变量来做。我在高考前练过的许多导数大题，分离变量后需要用到洛必达法则，由于洛必达法则并不属于高考的知识范畴，我担心因此失分，于是采用分类讨论的常规做法。没想到这道题利用分类讨论的方法非常复杂，我在这道题上花了非常多的时间也没有做出来。但其实我完全是因小失大，当时被“高考不能用洛必达法则”的思维定式困住。实际上，这道题分离变量后非常简单，也不需要用到洛必达法则就能得到答案。再者，即便用到了，做出这道题扣几分与完全做不出这道题还是区别很大的。高考毕竟还是一个以得分为目的的考试，在高考中要灵活应变，不能先入为主地排除某些做题思路，而是要在兼顾时间与正确性的前提下，寻找到你当时所能够做出来这道题的最优方法。导数题上的失误使我浪费了大量时间，我在数学选做题上也出现了重大失误。高考试卷 23 题是一道非常简单的题目，但是由于考试时心态有些失衡，将函数图像平移时“左加右减”的口诀用错，这道题基本也没有得分。其实仔细想想，整张卷子并没有难度特别大，但是由于不知变通地执着分类讨论，导致我在数学上白白丢掉十几分。

尽管出现这么重大的失误，我也并没有在考后捶胸顿足、心态失衡。我考完数学回家的路上发现自己选做题做错了，再加上当时觉得自己语文作文也写得不好，非常担心高中三年的努力毁于一旦。当时我很想找一个人讲讲自己犯的错误，但是我一来不想让父母担心，二来想到班主任一直告诉我的“要做一个能藏得住事的人”，所以我没有告诉任何人。尽管心里很惊慌，表面上还是很镇定。我觉得这对我来说其实是一个正确的选择，如果当时我就告诉家长、老师自己数学出现重大失误，大家的安慰也许反而会使我陷入懊恼和悔恨。当天下午回学校的时候，我告诉自己：考过的就不再去想，眼下最重要的是及时止损，而不是一味地埋怨和后悔。这样的心态也并不是高考突然就有的，高考前多次摸底、会考，有很多类似的情况发生，有的同学可能考完某一科就趴在桌子上开始掉眼泪，我却是无论出再大的状况都告诉自己不去过分在意。高考前的三模我一度在年级排名七十开外，但这个排名并没有影响我迎战高考的决心。

高考中要保持自信。我一直相信，自己的努力也许一时不会显现，但是总会在最后结出令自己满意的果实。考完数学还能稳住心态，也是相信自己的理综和英语不会失分太多。当时给自己定了一个小目标，告诉自己明天失分只要不超过 30，我就还有机会到清华去读书。当时就是觉得平时的努力让自己很安心，让我很有信心去面对接下来的考试。真到考场上进入状态后，这些想法都没有了，想的只是怎么把分拿到，怎么把题答好。当然最后结果很好，理综和英语加起来只失了 12 分。

“仰望星空，脚踏实地”这句话激励着我，让我在整个高中阶段，始终对自己保持信心。对梦想保持追求，再加上脚踏实地的努力，我相信每个人都会获得让自己满意的结果。

如果重走一遍高三

郭家彤

作者简介：

郭家彤，高考总分 671 分，其中语文 122 分、数学 138 分、英语 140 分，理综 271 分，高二获得中科大少年班录取资格（高考总分 652），高三录取清华大学土木工程系。

一、心路历程

与大多数考上清北的同学不同，在高中时期我一直没有把考上某一所大学当作自己的目标。在每个学习阶段，我始终以超越自我为努力的目标。因此，我在高中的学习生活中很少过多地受到外界影响，心里想的永远都是怎样提高自己的做题速度和准确率、努力赶上心中另一个更强的假想敌。而当你几乎用尽全部精力和时间来不断进步的时候，最终的结果往往不会太差。

从初中到高中，我经历了两个完全不同的时期。初一刚入学的第一次考试，我的成绩是全校一千余人中的第五百五十名。这让原本感觉良好的我受到了很大打击。但在自我鼓励和不断努力下，三年来我的成绩逐渐提升，中考结束时我已经挤进了全校的前五十名。由于中考的超常发挥，在进入高中后的第一次考试中我感受到了极大的压力。成绩平平的我，根本无法想象自己怎样才能超过那些初中时期就次次登上学校荣誉榜的学霸们。在整个中学时期，我遇到的最大挫折正是来源于心态问题。于是，我逐渐将注意力集中到自己的身上。无论别人做了多少题目、学习到多晚，我都努力做到自己的极限。无论身边的竞争有多么激烈，只要自己尽力了就不会后悔。最终一次次的考试成绩总会给予我应有的自信。

高中时期的经历确实是人生中最宝贵的财富之一。在清华学习了三年，我逐渐认识到：很多的清华同学也并没有超常的智商或者天赋，但是大家骨子里都有着那种源于高中的刻苦精神。遇到一件能力之外的事，那我就用所有的时间去学习、练习所需要的能力；找不准努力的方向，那我就去向身边人请教。勤奋、专注、奋斗已经成了大家的一种“武器”，任何困难在这些精神面前都显得不堪一击。

二、学习方法

在努力之外，我认为方法是掌握知识、提升成绩最重要的因素。以物理学科为例，整理错题本是对我帮助最大的学习方法。要想高效率做好理科错题本，首先要注意对题干的简化。我个人并不推荐一些拍照、复制之类的办法。物理题中一般文字多是对模型情景的描述，所以只要自己绘制运动轨迹或者受力状况，再将涉及的物理量列在一旁即可。大段文字的抄写不仅会浪费时间，还会养成不好的习惯，降低考试时读题和分析的效率。在错题本中进行解答时，最好在理解答案后独立计算一遍，并将自己错误的解法写上、用红笔写出自己的逻辑错误点。

很多同学都有做错题本的习惯，但实际的复习效率却不高。最好的方法就是隔一段时间就独立把题目再做一遍，在对题目比较熟悉之后就可以用红笔在旁边写出对应的知识点或逻辑陷阱。除了自己没有接触过的题目之外，任何错题都是粗心大意、分析错误的结果。所以在掌握具体的错题之后，我们应当关注问题的本质。这样不仅可以提升复习的效率，还可以达到一通百通的效果。在高三总复习阶段，我建议大家按照章节来进行错题整理。同时在每个章节的首页总结出本章的易错点，即题目中经常设置的小陷阱。注重细节是复习高中庞大知识体系的关键，而很多同学往往会忽视对这些细枝末节的系统性总结。

平时上课时记录笔记的方法也是十分重要的。在记录老师和书本知识内容的同时，应当对应留出足够的空间，将刷题中遇到的知识点及时填充。有的同学会觉得，做题的最终结果更多是将错题记录到错题本上。但是好的资料会提供许多课本上没有甚至老师没有讲过的知识点。所以我非常建议大家在刷题之后仔细阅读题干和答案，包括自己做对的题目。尤其对于生物学科来说，题干和答案中都会涉及许多知识点，这些有助于我们加深对课程内容的理解和知识储备。正因为保持这样的习惯，我在没有接触过任何生物竞赛训练的情况下，在中学的奥林匹克生物竞赛选拔中取得了全校第二的成绩。

三、备考心得

因为报考了中国科技大学的少年班，所以我的第一次高考是在高二。对比两次高考的经历，我认为最好的心态调整方法就是做好面对各种结果的准备、做好最坏的打算。除此之外，高考前的一百天一定不能懈怠。一方面，考前复习的效率最高、不容易遗忘；另一方面，学习状态对一个人的自信心影响非常大。无论家长和老师怎样评价你，自己的学习效率和进度只有自己知道。在尽最大努力之后，内心的底气会让你在考场上更加从容和冷静。

步入大学以来，我常常回忆和反思自己的高中时期。如果我能再经历一遍高三，我会使自己的状态更加张弛有度。高中的学习是一个始终非常紧张、分秒必争的过程，但是到了高三阶段，同学们身心都开始有些疲惫。长时间的高强度学习，加上高三更大的心理压力使我临近高考的学习效率明显降低。虽然自己已经非常疲惫，但不肯浪费时间的我还是硬撑着继续学习。回忆起来，这样不仅没有做到真正有效的思考，还使自己对学习的兴趣有所下降。所以我认为，合理的休息是非常重要的。如果我们做不到时刻保持最好的状态，那不如学会给自己放假。在短暂、高效的休息中调整自己的心态，保持自己在学习中的兴奋感。在课余时间，可以试着和一些已经进入大学的学长、学姐们聊聊自己的想法、聆听他们的建议。

在总复习阶段，我们应当适度调整自己的学习方法和整体策略。在前两年的知识积累中，我们的基础已经确定，高三要做的就是融会贯通。根据自己的特点有目的地去做题、复习，明确自己的定位、制定合理的短期和长期目标。

我的高三备考心得

郭泽魏征

作者简介：

郭泽魏征，高考总分 717 分，其中语文 133 分、数学 144 分、英语 140 分、化学 100 分、物理 100 分、生物 100 分，录取清华大学经济与金融系。

一、高三备考心得

我高三的学习模式，总体而言是跟随班级的节奏来进行一、二、三轮复习的，但是在可以自由把控的时间里，我也会根据自己的情况进行单独的复习和练习。

我认为学习最重要的一点是学会，不是说“把笔记写得漂亮、错题本粘的整齐”就是勤奋，我们要拒绝假努力，减少低效的行为，可以少学，劳逸结合，但是一定要高效。而且要知道自己哪里已经掌握、哪里还很薄弱才能防止自己在高三备考中迷失方向。很多同学记了错题本，但是从来不去看，好像把错题转移到错题本上、再写一遍答案，它就完全被你掌握了。还有同学明知自己某一部分的知识点不够熟练，做一次题错一次，但是仍无动于衷，只是等着老师带着复习这里。

从我本人的经验来看，真正有效的学习是能让自己生成长期记忆的学习。重点并不在于错题本有多么花哨、笔记多么翔实，也不是找老师答疑跑得多么勤、刷题刷得多么多。而是在于是否在考场上能够唤醒对应知识的记忆，是否能利用有效的方法解决问题，是否真正理解了知识点。很多时候我们为学习的形式所困，应当透过形式，看清真正的结果和学习的本质。

事实证明，一个你不会的知识点，如果高一、高二第一次学的时候掌握得就不是很扎实，那么你凭什么觉得高三复习时你就能灵光一闪呢？

我们平时的作业，大小考试都是一个目的——发现自己的漏洞，那么知道自己的漏洞是什么了，下一步自然是去及时补救。所以学习不要拖延，导致失分是一个方面，另一个方面就是问题的堆积会不自觉地给你心理压力，让你越学越累。

我认为最有效的学习方法就是“认真听课”。看起来简单的四个字，能好好贯彻的人屈指可数。试想高三一年，每天都有那么多课，就算课上讲的内容只吸收了 50%，那也能打下很坚实的基础了。没有基础何谈上层建筑，不要把希望寄托在课后的零碎时间，或者是周末的两三个小时的补课，课堂便是高三学习的基础，把握课堂，后续学习便会轻松很多。

如果能再经历一遍高三，我会让自己少一些遗憾。学业上的暂且不说，我希望自己能更多地珍惜和老师、同学相处的时光。每天下课跑去买早餐的日子，这辈子都不会再拥有了。同时多一些运动吧，身边有因学习而累坏身体的同学。

二、考前如何调整心态

面对高考，说不紧张是不可能的。其实调整心态最好的方法还是靠平时的积累。调整心态一方面要保证睡眠，充足的睡眠可以保持平时的学习状态和生活节奏，一如既往才能以平常心应考。另一方面可以多和家长、老师在一起，有长辈或者朋友等熟悉的人的陪伴，可以给你一种信念，毕竟在熟人面前一定是最放松的。考前还有一点就是做自己想做的事，接受身体反馈。比如疲惫了，就不要像之前那么拼，放下笔出去打一会儿球，或者睡一觉，想吃点儿什么吃点什么。总之不要取极端，身体觉得舒服就好。

高考前，我的物理老师告诉我们，当年高考前他几乎一夜未睡。地理老师说，他高考时不小心把水洒在卷子上，卷子全被弄湿了，当时想着自己完蛋了。但他没有选择，还是硬撑着答完了题。最终竟然不仅那科未受影响，后面几科甚至超常发挥，考得很好。高考时总会出现各种各样意料之外的情况，但我们能做的就是坚定信念。我们上一届的理科状元，在高考时两夜未眠；2022 年文科前十，也有考试前睡不着觉的。最重要的是，面对这些突发情况，我们要相信自己所付出的一切，沉着冷静，顽强拼搏，不放弃，不言败。

三、高考复习阶段，如何合理安排时间

正如上文所说，自由复习之前，跟着学校为你安排的步调就可以，正常高考就按常规步调来，一方面稳妥，另一方面这种处于集体的感觉也会让你心安，有富余时间就多学一点。高三学生后半夜睡觉是很正常的，但是尽量不要出现在临考三十天内，十二点半之前睡是比较合适的，最好还是在十一点半左右，多睡一会儿防止上课犯困，为课堂质量提供保障。

自由复习期间安排时间要更个人化一些，自己是最了解自己学习情况的。自由复习阶段还要注意：如果你平时不是那种高效、自律的学生，那就不要给自己安排太多任务了。白天写上满满的一页：今日要做什么计划，晚上发现每项都完成了一半。这会给自己留下心理负担，带来愧疚感。相反如果你只让自己做一套卷子，再背一遍古诗，那你到晚上可能会觉得完成得还不错。

说到底我认为自由复习阶段更多的是调整心态、寻求心理安慰的一个过程，不要将其功利化，你可以严肃地规划，非常具有大局观地安排每天的复习范围，也可以学学自己喜欢的科目（如果有的话）。最理想的情况是有一个总体的布局，最好涵盖所有科目，每个章节都提到一点儿，然后你可以在学习的深度上给自己通融一下。这样自由复习后你会很自信，复习得完整，又很轻松。

在临考的时候，比如考前一个月，最重要的是保持对题目的熟悉。除了语文作文单独加强训练之外，建议一天进行一次统考，至少两天之内保证碰过各科试卷。这样才能不断地熟悉试卷结构和时间安排，且保持答题思路和所谓题干。即使有状元水平，也不建议高考前连睡两天再上考场。练习应当持续到考前最后一天。

最后，一切理论不经过实践，都只能停留在理论层面。希望同学们真正能感受到不同学习方法和自己的契合度，最终能通过自己的努力，获得高考的胜利，进入自己理想的大学。

寂寂寥寥扬子居，年年岁岁一床书。
独有南山桂花发，飞来飞去袭人裾。

同学，听说你也焦虑了

张敏

作者简介：

张敏，高考总分 625 分，其中语文 115 分、数学 148 分、英语 145 分、文综 217 分，获得清华大学降低 50 分录取资格，录取清华大学新闻与传播学院。

想到高中，只有两个字：万幸。高考对于每个人来说都不会是太轻松的事情，要让我选出这千钧生活里最重要的部分，我会说是“心态调整”。我知道这是一个老生常谈的问题，但当我回过头去看高中，不论是我的高中还是他人的高中，心态的重要性，在某种程度上超越了知识和技巧本身。

在我们进入正文之前，读者需要明白，高三是一场持久战，需要的是持续稳定的输出。因此你的生活安排和学习规划都要以心态和精神状态的自稳为基点。

一、正确面对自己的付出

我知道很多时候，在长久的努力得不到回报时，在别人毫不费力就能够达到自己想要的水平时，内心会产生气馁和挫败感。我相信“天道酬勤”，一味地否定努力和付出的价值是让人丧气的一件事。我始终坚信努力付出一定会有所回报。但坚持的时间需要多长呢？努力的程度需要多大呢？没有人能够衡量。所以，在觉得无论如何付出都不见起色的时候，在确定自己的方向和方法没有错误后，你所需要做的就是继续坚持下去。

我一直相信存在“回馈期”，即你的努力很多时候是不会在当下反映出来的。高一背的单词，可能高三才会在完形填空题中考到；这个暑假积累的作文素材，可能要在考试的作文中才能用到。不要有“我最近用功学习了，但考试成绩好像还退步了，我是不是应该放弃了”这样的想法，因为你这次的退步只是前段时间不努力的体现罢了。我一直很喜欢那句“但行好事，莫问前程”，以及和它很像的另一句“但问耕耘，莫问收获”。都是鼓励人努力，又不让人急迫地求索回报、太过功利。对于努力却暂时没有收获的人来说，埋头继续付出，等待“回馈期”才是最好的选择。

高三这一年，我做了我能做的，所以我能接受一切结果。辛苦的日子是黑暗里的沼泽，狂奔是没有用的，很多时候要做的，只是每天都向前走一点。就像人在顺利的时候飞驰，在不顺利的时候就慢慢走吧，但一定要向前走，不要停留在原地，更不要退缩和逃避。

二、触底反弹式心态

当你发现自己处于一个很糟的境地时，要相信现在就是你最糟的时候了，接下来情况一定会反弹。但是如果下一次你还是没有变得更好，那就要对自己充满信心。要相信：现在越糟，反弹的力度越大。如果自己发现你现在正处于一个上升期，那就要想着你正处于反弹向上走的过程，还没有到顶呢，你还可以继续变得更好。

因为分心，高三下学期一次本应该考好的考试我考砸了。“二诊”考完以后心情低落了一阵，“三诊”考完几乎就是“无欲则刚”的无所谓状态了。高三的最后阶段里不断面对人生的逆境让我成了“真正的勇士”，但这好像是因祸得福。人在跌到最低点以后，反而觉得无所拘束，反而没了提心吊胆，因为只是想着反正应该不会比这更差了。

三、纯粹与麻木

关于纯粹论，我想说的是，让你烦恼的事情不是高考，而是对高考的看法，是那些附在高考上的一些不良想法和情绪。以前我考试的时候特别烦，总是想很多，家长的期望、周围人的看法，一些和自己能力不能匹配的期望，让自己陷入了一种焦虑和痛苦之中。

有一天我妈对我说：“想那么多干吗，你考好考差关人家什么事儿，能把你考的分数记得超过三天的只有你自己。”是的，其实周围人对于你考得好不好，并没有多大的兴趣，而且自己的人生和他人有关吗？你的开心和不开心别人是很难感同身受的。

接受现在的自己，把一切杂念都抛除掉，这一场历练所带来的耐力和坚毅，是潜移默化、悄无声息地作用在你接下来的生命里的。始终保持这样一种心态，尽力而为，全力以赴。不求虚假的自我感动，只求问心无愧。

总之你们要记住，一定要有自己独立的思考和鉴别能力！

再谈一点我在接近高考时的心态：麻木。不以物喜，不以己悲！平平淡淡的，把每天的任务都干完，最后上考场就行了。不要想那么多，心态本来就是一个考试科目，只是没列出来而已。

有些高二的同学对高三是有误解的。他们认为高三是一个悬崖下的山洞，里面有武功秘籍。很多人煞费苦心地去寻找它，他们几乎都会误以为找到了它。比如一个学习方法、一本教辅、一位老师，于是开始练习新的招式，期待重出江湖的那一天冠绝群雄。

事实上，高三并不需要太多新的招式，更不应该按照一本新的内功心法来练功。高三的秘籍，高二的学生经过了两年的高中生活就足以悟出：高三的秘诀在于按部就班、抓紧学习的每一分钟，而不是其他什么武功秘籍，比如“我要从现在开始抓紧每一分钟学习了”。学习就像是在黑屋子里洗衣服，你也不知道到底洗干净了没有，能做的只有一遍遍去洗，等到灯亮了，你就会发现，只要你认真洗过的，都是亮洁如新的。

我认为高中最好的心态是，在狭小的地方找到一点阔大的心境、在拘束的日子里找到一点自由的感觉、在不幸中找到万幸。愿所有的同学在风雨兼程过后，能够到达自己曾经幻想过的地方！

现在开始，为时不晚

宁梓豪

作者简介：

宁梓豪，高考总分 691 分，其中语文 125 分、数学 147 分、英语 145 分、理综 274 分，录取清华大学机械工程系机械工程实验班。曾获全国高中数学联赛山东省一等奖，位列山东省第二名进入省队，曾获中国数学奥林匹克（CMO）铜牌。

“宁梓豪刚从竞赛回来的那段时间，他的排名是年级 100 名开外。”我的高中教导主任说。

从年级 100 多名到考入清华大学，这是一段大起大落的经历，也是我高三一年的蜕变。

我个人接受新知识的能力会强一些，并且从小养成了上课认真听讲的好习惯，课本知识在课后几乎不用复习就可以基本掌握。

我从高一开始利用课余时间零基础学习数学竞赛，所以我在高一、高二对课本知识的学习几乎仅限于独立完成作业，这就导致了我各门学科的基础知识掌握得比较薄弱。就数学来讲，具体表现：如大题、难题都会做，但有时会因为遗忘某些小知识点而导致选择题、填空题拿不准等等。

按照正常的高中学习进度，课本知识在高二下学期基本上就全部学完了，很多同学在高二暑假就已经开始自主复习。而当时的我正在准备九月份的全国高中数学联赛，整个暑假没有碰过课本，甚至暑假作业都一笔没写。

考完全国高中数学联赛后，回归正常学习不到二十天，学习状态还没有完全恢复，就得知成功进入了省队。而为了准备中国数学奥林匹克，我从十月初到十一月初又停课了一个月，再等到考完国赛回来的时候，已经是十一月中旬了。这个时候，其他同学的一轮复习已经进行快一半了。

我当时感到非常迷茫。应该说，高一、高二我主要是凭借自己接受新知识的天赋取得了一些成绩，但这只是相对而言的。等到一轮复习过半，大家对于基础知识的运用逐渐熟练，而我基础知识相对薄弱就暴露了出来，甚至很多基础的知识点都已经忘记。我学的是理、化、生三门，当时让我印象特别深刻的就是化学“原电池和电解池”一部分的知识，高一的时候因为竞赛集训错过了老师讲课，一轮复习的时候又因为准备国赛错过了老师讲课，而“原电池和电解池”在高考中至少会出一道大题。这只是一个非常典型的缩影，很多零碎知识的薄弱和方法的遗忘，让我一时不知从何入手。

我找出了一天中所有能够自主支配的时间，填满学习内容。如早自习、课间、晚自习、睡觉前等等，较短的时间段用来背英语单词、积累作文素材等，较长的时间段则可以用来写作业、复习一轮资料，高效利用所有可支配的时间。当时我中午也基本不睡觉了，但又容易犯困，所以我会站在走廊的窗边，一边吹着风一边背英语单词。有一次我还被其他班级的英语老师撞见了，后来才知道，她去跟我的班主任说，看见我这样背单词把她感动坏了。再比如，中午 11:40 下课后，大部分同学都会直接去吃饭，而我一般会学习到 12:00 多才会去吃饭，这样就能把排队的时间节省下来；晚上 21:40 放学，而我一般会学习到 22:00 多再回家，这就又多了接近二十分钟安静的时间。每次大考小考之后，我会利用课间或晚自习的时间，按顺序找六门学科的任课老师，和老师交流试卷中反映出的问题，有什么不懂的地方也可以直接问老师。睡觉前，我也会进行语文作文素材的积累，我习惯把摘抄和背诵分开进行，摘抄可以放在睡觉前等学习效率不高的时间，而背诵就可以放在课间等教室比较吵闹的时间。然而，两个多月的时间可能并不足以弥补我之前落下的内容，所以整个高三上学期，我的成绩没有什么起色。

寒假的时候，我参加了清华大学的寒假课堂。在寒假课堂的考试中，我进一步感受到了积累不足的后果，甚至英语阅读题都很难读懂。意料之中的是，我并没有通过这次寒假课堂获得清华大学降分的机会。当然，总归是有收获的，我更加认识到了自己的不足，也坚定了考入清华大学的梦想。回来之后，我更加努力地复习，仅仅利用寒假三十多天的时间，物理、化学、生物的一轮复习材料大概各 250 页，我一个假期就复习了接近两遍；英语单词背完了第一轮，作文素材也在稳步积累。应该说，这个寒假也是我学习状态最好的时间段之一。

寒假过后，当我自认为我的成绩会有明显提升的时候，2 月份的开学考试却再次让我失望了，虽然有少许的进步，但距离清华大学还有很远的距离。这是我第一次感到一种无能为力的感觉。从 2 月份开学考试到 3 月份第二次考试之间的一个多月，我处于低迷的状态。虽然白天在学校的时间依旧会强迫自己学习，但晚上回了家就再也提不起精神了，甚至有十几天左右每天晚上都会偷偷看小说到凌晨两三点，也经常会因为睡眠不足在早自习或者上课时间犯困。当时我甚至会这样想，真的已经很努力了，不如就这样吧，高考能考什么样就考什么样吧。

可能这就是黎明前最黑暗的时刻吧。转眼间就到了 3 月份的考试，我的成绩进步很大，大概排在了年级 30 名。虽然依旧达不到老师的期望和自己的目标，但还是暴露出来一些问题。相比刚从竞赛回来的时候，已经进步很大了，我也重新燃起了再拼一把的勇气。只要还能暴露出问题，就还有努力的方向——各项复习工作按部就班地开展，每天除了晚上回家用十分钟左右的时间听一听音乐放松一下（我非常喜欢古风歌曲，悠长的旋律和华丽的辞藻会让我产生一种超然物外的感觉，整个人会变得空灵而放松，精神状态也会快速恢复），其他几乎全部的时间都用来备战高考。也正是从那时起，往后的每一次考试，我都会有或多或少的进步。一直到 5 月初的一次考试，在距离高考刚好一个月的时候，我第一次考出了能够考入清华大学的年级名次，年级第 2 名。我还记得当时，我像往常一样拿着试卷去办公室找语文老师讨论阅读题和作文，语文老师摸着我的脑袋说："小子，你可算是出息一次了。"是啊，努力后的成功才是最真实的，也是最幸福的。

最后一个月每周一考，虽然成绩也会有波动，但基本稳定在了年级前 10 名。我也能感受到，自己对知识的运用越来越熟练，心态也调整得越来越平稳，高考的感觉终于来了。虽然还是会有意外，高考前的最后一次热身考试，如果我没记错的话应该是在 5 月 31 日和 6 月 1 日两天进行的，我考得极差。老师并没有告诉我们具体的成绩和排名，我在找老师看卷子的时候问老师，老师也就搪塞一下，就说还可以，但我自己知道这次考得不好。不过一次考试不会给我带来太大的波动，是上"战场"的时候了。

高考第一科是语文。我在考场上的时候，就感觉有两道背诵默写题可能会写错，分别是"翱翔蓬蒿之间"的"蓬"和"然后天梯石栈相钩连"的"钩"，我写的是"篷"和"勾"。这种低级错误出现在高考属实有点不应该。而且虽说在所有科目考完之前就对答案是不应该的，但我当时有点没忍住，回家就查了课本，发现这两个字果然写错了。心态肯定是会受到一定影响的，但整个高中跌宕起伏的经历也让我拥有了足够强大的心理承受能力和调整能力，那天中午我并没有复习下午的数学，而是直接睡了一觉去考试了。

高考第二科是数学。自诩学过数学竞赛、高考数学应该非常简单的我，在还剩 25 分钟的时候，有两道大题的第二问都没有做出来。虽然我可以明确知道，这份高考数学卷的整体难度一定很高，但作为我一直以来的得分项，数学几乎可以说不容有失，这是对心态极大的考验。庆幸的是，几乎是在交卷铃响前的最后一秒，我顺利做完了这两道题，避免了高考数学的滑铁卢。

相比语文和数学，第二天的理综和英语就很顺利了，按照平常我自己的做题节奏，并没有遇到太大问题，英语更是考出了我在所有大考中的最高分。

高考结束后，我参加了清华大学的综合评价招生，考试科目为数学和物理，考试内容的难度会比高考题难不少，类似竞赛的题目。相对来说数学题做得还不错，但物理题几乎都不会，最终以五分一题之差没能进入面试环节。很遗憾，我又一次失去了降分的机会。我在所有科目考完之后对过答案，我估分会比清华分数线低几分的样子。当时我觉得已经没戏了，做好了听天由命的准备。

高考成绩公布的那天，我惊喜地发现自己的分数比预估的高出了十几分，也因为排名比较靠前直接进入了机械工程实验班。我给班主任打电话，刚开始我没有哭，班主任哭了，然后我也哭了。班主任跟我说："真的，你考出这样的成绩真是太不容易了。想一想你的整个高中，想一想你的高三，真的太不容易了。"我也突然开始回想我这一年经历的种种，从进入数学竞赛省队的意气风发，到回归高考后的不遗余力，到成绩始终没有起色的低谷，再到最终"苦心人天不负"的成功。

或许这就是命里有时终须有。能够走到这里，我是幸运的。

从 11 月到 6 月，回忆这短短 6 个多月的时间，我不禁感叹每一步都走得如此艰难，也不禁庆幸自己终究是努力了。

是啊，只有 6 个月，太短又太长，足够去做很多很多的事情，像三年前的我一样。所以，不论一时的成败如何，全力冲刺所剩的高中时光吧！

无远弗届

宋艺文

作者简介：

宋艺文，高考总分608分，其中语文121分、数学145分、英语135分、物理67分、化学70分、地理70分，获得清华大学降分录取资格，录取清华大学电子系。

我的高三故事结束于2019年，我度过了当时看似平淡如今看来极为珍贵的一段时光。

初中时期，我的学习一直顺风顺水，如愿被我心中最好的高中录取。上高中前，我满怀信心自己能在最好的平台上继续证明自己的“优秀”。但是我没有想到，每个同学都是在各区通过了层层选拔才来到这里的。我只是其中一个、普通得不能再普通的学生而已。然而，有排名的地方就有倒数。刚上高中时，我的成绩并不好，尤其是数学。高一时，班主任让班里数学最好的十名同学与数学最差的十名同学结对互助，我名列其中，接受了另一个同学的长期辅导。在他眼里，数学结果都是“显然”的，因此也常常不明白为什么我会想不到、理解不了。我没有竞赛经历，在公办初中没有经历过太大的学习压力，一下子不知道如何面对这样的落差，自信心也随着屡屡挂科而破碎一地。我常在拿到卷子后大哭，对数学产生了恐惧心理，好像一张卷子足以抹去前十几年的、我身上的优秀学生痕迹。

在这段时间里，我的老师和家长给了我巨大的鼓励。我的数学老师，每次出分后都会把我叫去办公室，细心地把卷面上的分数折好、藏起来，为我逐一讲解错题。尽管他在课上也会再讲一遍，但他还是放慢了速度、每讲一步都确保我跟得上，讲完还会说："是不是其实不难？下次小心点这些分数都能拿到。"我在他眼里或许是一个令人头疼的学生，但他自始至终，从来没对我说过一句责备的话，甚至连一句催促的话也没有。我的家长一改我初中时期的严厉作风，不再在我面前提及分数，生怕伤到我的自尊心。他们只会问我，做错的题现在懂了没有？我时常有情绪激动的时候，但他们脸上没有丝毫着急的神色，反而宽慰我一时的成绩都是小事，坚持学习更加重要。渐渐地，我便能坦然地面对糟糕的分数了。我常去办公室请老师再讲讲我没有听懂的内容，不再怕丢脸，慢慢地把学习重心从分数转移到学习内容是否完全掌握了。即便有时超常发挥了，我也没那么在乎了。

心态上的转变使得我能够静下心来，反思自己目前的不足之处、积极地制订相应的计划。我没有急于做其他的练习，而是反反复复地做我的错题，翻我的上课笔记。考试的时候，我也不管难的题目会不会做，甚至看都不看一眼。我盘算着卷子上基础分的分值，反复验算、保证简单的题目我都能做对。而在以前，我总是急匆匆地做完基础题，又把大量的时间消耗在不可能做出来的难题上，导致最后竹篮打水一场空。尝试了新的时间安排后，我意外地发现分数稳步提升了。一百分的卷子，总要有六十分的基础题，慢慢地，我也就能及格了。接下来的时间里，我只是重复了这个步骤。到高三的一模、二模时，我先跳过填空的最后一题、压轴题的最后一题，保证自己能拿到 135 分以上，再"尝试一下"最难的部分，没准做出来了呢。我发现我完全不需要再做其他的练习，很自然地就可以想出题解，获得一个高分。就这样，数学从我最不擅长的科目，变成了我最擅长的科目。

我个人认为，高中的学习是多线程任务，有时候一门课可以带动全部课程的学习动力。

建立自信心远不是容易的事，但又是对学习来说最为关键的。在高一，我一直是班级里的“吊车尾”，高二时报名做了地理课代表。我总是想，课代表如果学得差，又整日在办公室进进出出，可太丢脸了，所以我在地理上花了格外多的心思。一开始，我也不太相信自己能学好，但是老师总表扬我的态度，这几乎是我高中第一次获得老师的肯定。我的地理老师和数学老师坐在相邻的位置，地理老师有时会当着我的面向数学老师表扬我。我是非常、非常感动的，带了那么多届学生的老师，什么聪明学生没见过啊，竟然会对我这样的普通学生不吝惜赞美。我受到了莫大的鼓励，也因此更有勇气去面对困难的事了。成为地理课代表，反而促进了我数学的学习，进而带动了所有的科目。

在高考前，我的心态当真是一湖平静的水，没有任何事能激起一丝波澜。一模考试前夜我在发烧，只是休息得多了些，心里没有丝毫在意，第二天考完便去了医院。考一模英语时脑袋嗡嗡的，好像什么都没听清，最后也错了一大片，但当时只觉得没听到就算了，也没有影响后续的发挥。二模我考到了年级前十，这是从未有过的成绩。心里除了感觉有一丝不真实，竟然也没有其他的情绪，只是继续准备着高考。我对一切结果感到淡然，心里想的只有“今天还有什么没有弄懂的、明天该看些什么”。高考前夜，我因为被子和空调彻夜未眠，第二天照常起床，假装自己睡满了八小时，强迫自己头脑清醒地走进考场。我也说不好这样的心态调节方法是好是坏，但是对我而言，我的高三恰好发生了很多不利于高考的，或是容易引起骄躁的事件，而我又恰好避免了一切焦虑、内耗、自满、浮躁的情绪。我一直都只是按照计划，一步步地执行下来而已，内心坦然又平静。

现在回想高考，只觉得高中三年的我在自己心里留下了一个有些倔强的身影。我冷静、不服输，有超强的执行力和始终强大的自信心。我很感谢当时的我，把现在的我托上了一个从未想过的平台，做自己喜欢的、有意义的事情。还记得高二的时候，我在所有的笔记本封面上写了“无远弗届”，地理老师问我这是什么意思。“没有不能到达的地方”，我说。

心态好才能格局大

路怡璠

作者简介：

路怡璠，高考总分 687 分，其中语文 123 分、数学 148 分、外语 145 分、理科综合 271 分，录取清华大学建筑系。

与许多人的高考经历不同，我是一名复读生，同时又一心热爱艺术，所以在很多同学和家长眼中，我和“清北选手”简直是背道而驰。但我第二次高考的胜利的确证明了：其实任何水平和性格的学生都是有潜力的，真正的“黑马”也许表面上看起来是运气，但其实他们往往是有着自己无可替代的能力和品质的。

这里想分享的是我高考成功的关键——心态。

高中初期的我可以说是成绩平平无奇，但又凭借我自己良好的心态慢慢地稳步提升。在教育资源并不算充沛的小城市，就读于全市唯一的一所重点中学其实对很多人来说压力是巨大的，而我是一个不起眼的成绩处于中等水平的学生。但我在这样的环境里也从未感到巨大的压力，反而在逐渐地积累自信，同时又很享受一种忙里偷闲的愉快高中生活。现在回想起那段时光，也许这样的积极心态是我能成为“黑马”的至关重要的因素。

一种良好心态的培养，大概就是自信与乐观并存的状态。当然，很多时候二者之间是相辅相成、相互促进的，所以心态好与心态差的学生往往总是不断地陷入良性或恶性循环。若不能及时调整好自己的心态，高中的学习生活恐怕会沉浸在对失败的恐惧和繁重课业的压力之中，甚至会影响到高考的状态，由此可见心态培养的重要性。在这里我作为一名高中四年都始终在乐观和自信中完成学业的学生，来分享我的一些调整心态的经验。

想要建立一种良好的心态，首先我希望大家能先明确以下三个问题：

1. 我如何看待高考？它对我的人生有怎样的意义？

2. 我希望达到的目标是什么？

3. 目前我自身的优缺点是怎样的？

我认为：一个有思想的人，才是能成大器之才，而你只有真正了解了自己，才能负责任地为自己规划人生。有些同学高中时候只知道高考，上了大学只知道考研，却并不知道自己未来想要过什么样的人生，想实现什么样的目标。真的希望每个学生都能时时刻刻思考自己想要的是什么。当你明确了职业倾向、崇拜敬仰的能力或领域等，你就会不再把高考当作一场残酷的战斗，而是一扇门，一扇打开独立人生的门，跨过这扇门才是你精彩人生的开始。并没有一考定终生的情况存在。高考并不是你高中学习的目的，学会保持从容的心态和不断进取的能力才是目的。能够提升自己的学生才是高考想筛选出的人才，这样的学生也必定会在高考中发挥自己最大的优势。

对我个人而言，我并没有期望自己通过高考改变人生，我只希望尽可能发挥自己的能力，顺利地进入到人生的下一个阶段。因此我给自己设定的目标都是比较容易达到的，以此来给自己积累足够的信心和乐观的心态。如果我能考到 600 分，我就去考 600 分左右的学校；或者评估一下自己的能力，我觉得自己可以考到 650 分，我就会试着去冲一冲 660

分的大学。虽然这样的小目标看似平平无奇，但其实能让自己更快速地进步，因为成就感是跨过瓶颈期的关键。也许你会好奇，如果我没有一个明确而远大的目标，那为什么我会选择复读？事实上第一次参加高考时，我的水平即如此，所以我并没有感到遗憾，只不过仔细想过自己的人生规划后，我不能接受录取的专业，所以毅然决然地选择复读一年。复读这一年我非但没有感到压力，反而更加轻松，相比别人多学习了一年，无论如何我都一定会比之前考得更好，有更多的选择，所以我顺着自己的节奏稳步前行，给自己设定的目标永远是“比上一次好一点”，就这样一点一点，在高考中从容赢得满意的成绩。

接下来谈谈自信，我想无论是老师或家长都鼓励过大家要有自信心，但其实很多人并不能理解何为自信，或者如何建立起自信心。在这里，我所说的自信并非盲目地不切实际地给自己心理安慰，而是要无时无刻地在潜意识里相信自己可以通过努力实现任何目标。很多时候我们发现自己开始变得不自信，是因为眼前的困难是自己目前的水平所不能逾越的，我们会感到无助、措手不及，对学习来说可能不知道要从何学起、如何进步。但事实上，每个人都会经历从不会到会的一个阶段，回想自己已经熟悉的初高中知识，其实你已经克服了重重困难，这些都是你通过努力学习和反复钻研达到的水平，所以学习知识其实并不困难，你只不过暂时被眼前的难题或是考试吓住了，而这种遇到困难时的退缩或者停滞不前的状态正是学习过程中最大的敌人。所以，自信心其实某种意义上和成绩或者能力并无绝对关联，需要的是能有“不为外界所动”的那种坚定信念。

再谈谈乐观的心态。高中时候老师总是为我的“心大”发愁，觉得我对什么事都不上心，对高考也无所谓的样子。事实上适度的乐观是有益于进步的，无论面对进步或挫折，一个乐观的人会让自己更快地进入一个高效的状态。正如前文提到，我给自己设定的目标永远都是“比上一次好一点”，以此让自己获得足够的成就感，有了成就感我才能快速地进入下一个阶段的学习。如果偶尔发挥失常，我也不会气馁，暴露缺点正是我提升的机会，改正缺点，获取经验，下一次一定比这次好一点。在这里我要分享一个小窍门，就是每次做题或考试出错扣分，我会把所有我没注意到的点记在一个专门的小册子上，它并不是错题本，只是记录一下每次扣分的原因是什么，比如：漏看了题中的某一个条件，或者解题步骤写得不规范之类的，也有一些细碎的小知识点。其实很多时候这些丢分的地方都是我们经常遇到的，但记录下来能更好地让自己加深印象，不再犯重复的错误，这样之前考试的失利，也就变成了我的收获，每天记录一些“今日收获”也是我获取成就感的一个方法。毕业之后我把这本珍藏的小册子送给了我的学妹，她再继续向其中添加“考试经验”，并且向我反馈这真的是一种很有效的学习方法，甚至会有同班同学借去看。就这样，这本“经验之书”以这样的方式传递下去，相信它也能帮助到更多的学生。

最后希望大家都能正确地看待高考和分数，思考自己想要的人生！

高考复习理、化、生提分攻略

何子健

作者简介：

何子健，高考总分 699 分（2020 年全国一卷），其中语文 132 分，数学 135 分，理综 288 分，英语 144 分。获得清华大学强基计划初审优秀资格，最终录取清华大学行健书院，攻读理论与应用力学和车辆工程专业（理工双学位）。

高考的理、化、生三科，是对计算能力、知识掌握、思维广度与深度等方面的综合考验。要想拿高分，我认为要从两大方面入手：一是知识网络的构建与完善，二是应试技巧的摸索与积淀。下面我根据物理、化学、生物三科各自的特点分别分享自己的经验。

一、物理部分

1. 物理知识网络的构建与完善

要学好高中物理，关键在于对知识的扎实理解和对技巧的熟练掌握。

首先是课内的基本概念和公式。我希望读到这里的同学们回忆一下，什么是质点、点电荷？牛顿三定律和开普勒三定律如何叙述？一对平衡力和一对正反作用力有什么区别？感生电动势和动生电动势的区别是什么？高中物理涉及很多概念，我们不一定要死记硬背，但一定要理解这些概念怎么来的，会在什么问题里用到，同时要注意相近概念的辨析。另外是公式，要分清什么是定义式，比如场强怎么定义的（$E=\frac{F}{q}$），加速度怎么定义的（速度的导数），等等，也要分清决定式（如点电荷场强$E=\frac{kq}{r^2}$，加速度$a=\frac{F}{m}$），这样在做题时不至于发现自己两种公式得出的结果是冲突的。基本概念和公式一定是我们备考的基础！

同学们可以记一些二级结论与物理模型（如平抛运动规律、磁聚焦模型等等），这些是对基础知识的综合运用。但同学们要记住，要确保对二级结论的应用条件十分清楚，同时不要过分依赖这些结论，有时候用最基本的公式就能解决问题，而二级结论反而会让你“误入歧途”，尤其是一些较为冷、偏的结论。

高中物理的知识其实市面上一般的辅导书已经覆盖很全了，认认真真地做一遍，基本上考纲要求的知识就都掌握了。不过也要注意备考阶段回归课本。课本上的一些物理学史也需要记一记、总结一下，而一些课后阅读材料（尤其是选修课本）也可能在高考中涉及，所以还是要看一看的。

物理和数学很像，独立思考都是一个极为关键的点，尤其是对于想突破高考物理压轴大题的同学。一个训练有素的考生往往善于总结各种题型所需要的知识点。另外，同学们也要注意多动手计算，避免“眼高手低”。和数学不同，物理的计算往往是一些加减乘除的烦琐计算，一不小心就会出错。

2. 物理应试技巧分享

关于选择题：

像物理学史、基本概念题，只要将对应的知识点记住就可以，但如果因为轻视而不注意审题就很可能“栽跟头”。要注意计算选择题排除法、二级结论等的灵活运用，如果某一道题你算得很复杂，往往是你理解题意有问题或者运算方法不对，高考理综中的物理选择题不可能出现很复杂的计算。多选题能少选不多选，求稳为主，不确定的题目等最后回过头来解决，切忌恋战！

关于实验题：

这部分出题套路和模式相对固定，高考出题人一般是围绕课本基础实验命题的，可能会有一两个偏难的空（往往涉及一些计算），要注意取舍。物理实验应该在平常刷题就多积累，不断巩固自己对各种实验操作的熟悉程度，注意审题，比如要看清保留多少位小数。

关于大题：

做物理大题不能心急，得根据问题逐步分析过程并保证每一步计算不要出错。一般题目给的条件叙述不会说得太直白，所以学会翻译题干条件很重要。同时一些知识点如“微元”“磁聚焦”等掌握了以后会大大提高计算速度。

另外，学会“蹭”公式分很重要。像牛顿第二定律、向心力公式、动生电动势公式等等，如果你看出解这道题需要用到某个公式，但没时间完整解题，注意罗列这些公式。有一点需要同学们格外注意，列的公式/方程一定要是课本上存在的“原始公式/方程”，比如 $\frac{mv^2}{R}=mg$ 是合理的向心力公式，而写成 $v=\sqrt{gR}$ 就不好了。同时要避免连等式。这些式子从原理上虽然也对，但不是标准答案的给分点。如果最后答案算得不对，阅卷老师就会注意你的公式是不是标准的，公式如果不是标准的，会增加你丢分的风险。

如果想让计算不出错，除了平常训练要下功夫外，考场上也一定不要遇到计算就慌着写，要规规整整地列写公式、不跳步，即使多花一点时间也比最后算错要强。

二、化学部分

1. 化学知识网络的构建与完善

化学较物理来说知识点更多，但较生物来说理论分析也更多。书本的一次次熟读、题目的一次次筛查有助于形成完备翔实的知识体系。而化学、生物在知识的自洽性上都较数学、物理弱一些，对一些题型与设问尤其要见得多一点，“换汤不换药”是出题老师很常见的操作。能体会到出题人想考查哪个知识点的时候，你就成为可谓的高手了。

化学在复习的时候要分块筛查。同学们可以按题目类型来筛查，比如检查自己实验大题的实验操作叙述是否严谨，检查自己化工流程题复杂化学方程式的配平方法是否掌握，检查化学平衡题各种基本计算（转移电子数、反应热效应等）是否熟练。这些都可以通过反复做题来实现，很多问题都要在错题本上拷问自己！分块筛查也可以按照知识框架的脉络进行。同学们可以照着课本或者教辅书目录，思考每一部分的考点，叩问自己是否真的理解。这些都可以形成总结性的笔记或思维导图。

化学也需要多见一些题型，但也不要刷得太多，刷题要精，免得自己形成不良的思维定式。

同学们在化学学习上切忌自以为是，要积极与老师沟通交流。像一些原因叙述题（如某一化学平衡产率为何下降），同学们很容易出现错误的思路，所以需要和老师交流来纠正自己的答题思路。

2. 化学应试技巧分享

关于选择题：

选择题中的一部分题目是较为基础的概念相关题，所以用按块筛查来构建知识网络，有助于“秒杀”这些题目。另一些题目可能涉及计算或较多的“陌生信息”，看着很复杂，但选项中存在很多常见错误，如正负极混淆、忽略氢离子等，看到了就可以快速排除。所以有时候这些题目只是看似复杂，要选出正确/错误选项是很容易的。

关于大题：

工艺流程与化学实验的一些常见操作与作用需要靠平常积累，要注意语言叙述的严谨性和规范性。化学平衡题有时候很新颖，但万变不离其宗，都要先抓住平衡条件和图线趋势。

一道大题往往是由许多考查特定知识的小题排列组合而来，一般不会出现“这道题的某一两个空不会，导致整道大题不会”的情况。所以先把确定的、熟悉的问题都解决，这样也会让自己更加自信。做较难的论述题时要记住：避免写很偏很怪的原因，要从常见切入点如温度、速率、反应物与生成物（分解、氧化）、催化剂（失效）等入手。

三、生物部分

1. 生物知识网络的构建与完善

生物学科的知识点繁杂，而理论分析较少，同学们应在准确记忆知识点的基础上“适当”刷题（为什么强调“适当”，下文会提到），掌握常见题型的答题思路与分析方法。注意课本内容的熟读整理，结合老师的讲述，构建知识网络。

生物的复习和备考，对大多数同学来说，应该以拓展广度为主，注重遗漏知识点的筛查与遗忘知识点的回忆。高考生物的绝大部分题目都是直接考查知识点本身或稍加一点点推导，所以“课本吃透+多见题型+教师指漏”是生物学科复习很有效的方法。

再给同学们额外强调一下，生物课本是所有高中课本中最需要你反反复复翻阅的！我的生物老师有一句名言：“课本肉眼可见之处皆是考点！”虽然略有夸张，但反映了一个事实：高考生物考查的所有内容都可以在课本上找到。所以生物知识不仅要理解，也需要熟记——像对待文科一样，熟背定义，可以加深理解并提高知识的运用能力，防止在基本概念题上栽跟头。

要学好生物，不能盲目刷题，要刷高质量的题，尤其是往年高考题，反复做都不为过。像实验设计题，一定要动手动脑，做完之后认真看答案的语言思路。很多同学往往自负地认为自己答得也差不多，可实际却没答到得分点上。所以自己写的答案如果和标准答案不同，自己无法确定正确与否的情况下，一定要向老师请教！

2. 生物应试技巧分享

关于选择题：

有的同学刷了很多模拟题，受一些偏、难、怪的模拟题影响，会在做生物选择题时疑神疑鬼，生怕题目挖个什么隐蔽的“坑”，乃至钻牛角尖去挑一些本就正确的选项的毛病。

实际上高考生物选择题的设错形式是有限的，通常设错比较明显，甚至很多选项往往会和课本原文的叙述意思相反，所以同学们不必疑神疑鬼或者钻牛角尖。不过也不要因为看得太快而审题不清。很经典的一个错误就是，题目需要选出正确选项，而有的同学却以为要选出错误选项。看得太快也容易养成惯性思维，从而导致想当然的失误。

关于大题：

生物实验设计有着一套比较固定的答题语言，或者说答题套路/模板，需要同学们在平日阅读课本和刷题训练中进行积累和记忆。在考场上只需根据实际问题要求，对答题模板进行调整，即可变成规范的答案。而高考生物的遗传题也往往比我们平时做过的模拟题简单，题目逻辑很清楚。只要平常功夫下到了，把相关计算与分析的方法掌握了，那么考场上正常发挥就可以了。还有一些题型在此不再赘述。其实同学们做到生物大题这里，正确率如何也要看自己的心态。如果因为前面物理、化学不会的题较多、所剩时间太少而变得慌张不已，就会出现审题不清、答非所问的情况，这也是我们要额外小心的。

说这么多，有些抽象，我再举些例子吧。比如题目问：保护××景区的动物、植物的意义是什么，本质是答为何保护生物多样性。而答光合作用相关的题目，就从最基本的二氧化碳、光照等与植物光合作用的关系答，有时会与“酶”这一块知识结合，但归根结底都是课本知识。

总之，大题部分的设问，无论是知识点填空还是原因、作用的分析，都是较为简单直接的，答案往往就是最基本的课本内容或是结合一定的生活常识等等，这一点和前面的选择题一样。同学们结合题目内容，回忆课本，找出关键知识点直接作答即可。

写在最后：

备战高考不是一个完全“机械化”的过程，虽然理、化、生这三科很大程度上要看自身做题熟练度，但刷题也不是唯一途径，题海战术未必适合每个人。我希望各位学弟学妹在日复一日的复习、考试中进行更多的深度思考与总结反思。而我的经验分享只是希望能帮助大家少走一些弯路！

后　记

赵国柱

八仙过海，各显神通。37 位清华学子谈“像我一样考上清华”，可以认为是他们与高中生共享步入清华殿堂的“37 计”。

看了这些文稿，我突然想与作者、读者们讨论：清华是什么？

一、憧憬清华

清华是什么？

对全国两亿多中小学生而言，是梦想目标；对高考学生而言，能考取清华，是成功的里程碑；对清华学生家长而言，是无尚荣耀；对清华学生的高中母校而言，是教育质量的形象广告。

学生、家长、老师，人人憧憬清华；家庭、学校、社区，处处推崇清华。

二、界定清华

清华是什么？

对社会主义中国而言，是“红色工程师的摇篮”；对于高新企业、科研单位而言，清华大学是科学技术的不竭源泉，清华人才是技术部门的核心力量与定海神针；对清华大学自身而言，是“自强不息、厚德载物”的校训，“行胜于言”的校风，“中西融汇、古今贯通、文理渗透”的办学风格，“又红又专、全面发展”的培养特色，“爱国奉献、追求卓越”的传统，“人文日新”的精神，为国家发展、人民幸福、人类文明进步作出贡献的责任。

严谨认真，自强不息，创新超越，爱国奉献，清华人用情怀、眼光、责任、行动，界定、诠释、展示着清华的概念、形象。

三、光大清华

今天我以母校为荣，明天母校以我为傲！所有志向远大的学生都会这么说，清华学生也不例外。

清华不是炫耀虚名的舞台，而是科技奥运会的赛场；不是功成名就的码头，而是尖端攻关的马拉松起跑线；不是个人谋取功利的跳板，而是担当国家民族使命的令箭！

国际核心技术竞争已经白热化，尖端高新科技已经成为经济战、军事战的核心支撑；科教兴国战略、人才强国战略是新时代的基本国策，拔尖创新人才选拔培养是当务之急！

清华学子站在时代前沿，人才顶端，国家赋予重任，人民寄予厚望，攻坚克难，义不容辞；创新发明，责无旁贷！国家把最好的宝贵资源配备给我们，我们没有松懈的资格；把最珍贵的机会给予了我们，我们没有却步的权力！苟且偷安、止步不前者，无异于消耗国家优质资源的硕鼠、蛀虫；意志脆弱、逃避责任者，无异于怯阵的逃兵。

在建设现代化科技强国的战役中，清华应是核心力量，清华人应做开路先锋！时刻铭记“自强不息、厚德载物”的校训，终身恪守“爱国奉献、追求卓越”的传统，“不忘初心，牢记使命”，平治天下，舍我其谁！永远不容玷污“清华人”这个神圣品牌！

四、衍射清华

清华是什么？

清华是个远航的灯塔！

中国每年高考生大约 1 200 万人，而清华只录取 3 500 人，占比不到万分之三；中国现有大学近 2 996 所，清华也只占其中之一。建设现代化科技强国，需要清华这只领飞的头雁，更需要全国所有高校这些跟飞的雁群！在校高中生们，不可能人人考取清华，但可以人人树立远大志向，改进学习方法，掌握学习技巧，肩负时代使命，担当社会责任，奉献青春智慧，建设美丽中国。

国家兴亡，匹夫有责；尺有所短，寸有所长；三百六十行，行行出状元；英雄不问出处。无论你考取什么学校，学了什么专业，都也该敬业乐学，努力增长知识能力；无论你将来到哪里工作，处什么岗位，都应该敬业爱岗，精益求精的做好本职工作，不断创新超越。不是名人做名事，做了名事成名人。也许，你只考上了一所普通大学，但如果你把别人消遣享乐的时间都用于学习钻研，那么，几年后，清华的硕士、博士录取名单上就有你的名字；也许，你永远无缘进入清华，但如果你研发了重大成果，做出了突出贡献，那么，未来的诺奖名单、院士名册上，你将与清华学子同框！

所以，清华不仅是一种物质存在，更是一种精神抽象、一种信仰驱动、一种目标导向、一种竞争激励。

祝福进入清华的人未来美好！

祝愿错过清华的人比进入清华更好！

中国智慧工程研究会副会长

原中央教育科学研究所研究员

《中国德育》杂志原常务副主编

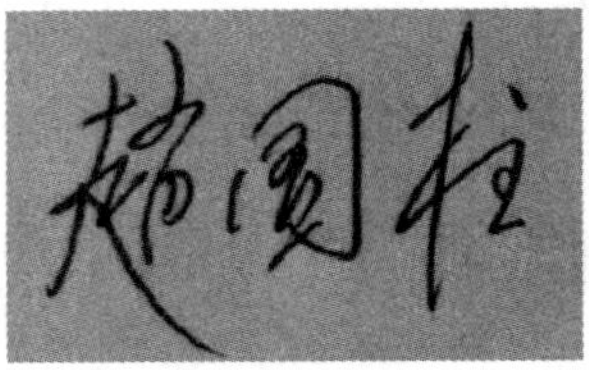